销售冠军都是时间管理高手

文化发展出版社
Cultural Development Press

图书在版编目（CIP）数据

销售冠军都是时间管理高手 / 培杰著. — 北京：
文化发展出版社有限公司, 2019.8
ISBN 978-7-5142-2746-8

Ⅰ. ①销… Ⅱ. ①培… Ⅲ. ①销售－方法
Ⅳ. ①F713.3

中国版本图书馆CIP数据核字（2019）第149963号

销售冠军都是时间管理高手
培杰　著

责任编辑：孙　烨
封面设计：MM末末美书
排版设计：书情文化
出版发行：文化发展出版社有限公司（北京市翠微路2号　邮编：100036）
网　　址：www.wenhuafazhan.com
经　　销：各地新华书店
印　　刷：天津中印联印务有限公司

开　　本：710mm × 1000mm　1/16
字　　数：206千字
印　　张：16
印　　次：2019年12月第1版　2019年12月第1次印刷
定　　价：49.80元
I S B N：978-7-5142-2746-8

序言

销售员的时间和普通人的时间是两个概念

普通人抓紧时间工作，抽出时间生活；销售员在工作中生活，在生活中工作。

普通人的时间是钟表，销售员的时间是业绩表。

普通人的时间是记录生命的刻度，销售员的时间是衡量成败的尺度。

普通人的时间管理是见缝插针，销售员的时间管理是钻天觅缝。

……

对于普通人来说，可以慢慢地斟酌和别人讲话的方式，可以慢慢地思考下一句要说什么。

而对销售员来说，说每一句话的机会都是非常宝贵的。有些时候，只要一句话的时间就能够扭转客户的想法。

想要成为一名优秀的销售员，那就要有比普通人更加严格的时间管理观念，就要有更加高超的时间管理水平。时间就是金钱，这一点在销售员身上体现得更加明显。如果你能够认真地管理时间，认真地对待和有效地使用每一分钟，那么，你的收获将会比别人更多，成交也将会比别人更快。

普通人的时间，绝大多数是自己的，是可以自由支配的。

销售员的时间，除了是自己的之外，还是客户的。销售员想要把时间管理做得滴水不漏，不仅要管理好自己的时间，还要管理好客户的时间。

普通人在完成一项工作以后，就可以高枕无忧，准备迎接新的任务了。

销售员在订单成交后，不仅要管理好时间，还要做好老客户的服务工作，以免因此影响后面的新客户和新订单。

销售员和普通人的时间观念、时间管理方式是不一样的。想要成为一名优秀的销售员，就要比普通人更加严格地管理自己的时间，就要比普通人更加严格地要求自己。

那么，你知道自己的时间都去哪儿了吗？还是你觉得自己身上不存在浪费时间的现象呢？可怕的不是你一直在浪费时间，而是你一直在浪费时间，自己却还不知道。

当你明白销售员的时间与普通人有什么不同时，很快就能从一次成交来到另一次成交，因为你能够利用好每次成交之前和成交之后的时间。

当你明白销售员的时间与普通人有什么不同时，你就会知道设想好的计划、学会的话术在什么时候会有更好的效果。

当你明白销售员的时间与普通人有什么不同时，你就会明白客户究竟是想要购买你的产品，还是在浪费你的时间。

本书旨在让销售员学会更加合理的时间管理方式，并将时间管理与销售行为结合起来，完成从普通销售员到金牌销售员的晋升。只有懂得时间管理，你才能

有更多的时间来提升自己；只有懂得管理时间，你才能更快地见到客户；只有懂得时间管理，你才能迅速地从一次成交走向另一次成交……

想要成为金牌销售员，甚至是销售冠军，那么，就先成为一个时间管理高手吧。

CONTENTS

目 录

CHAPTER 1

第一章 珍惜自己的时间，尊重客户的时间

每个人都很珍惜自己的时间，但是，管理时间往往不得其法。不管怎样努力，却仍然觉得自己的时间不够用。作为一名销售员，不仅要找到管理时间的窍门，更要知道销售人员的时间与客户的时间是息息相关的。你只有尊重客户的时间安排，自己才能节省更多的时间。

C H A P T E R 2

第二章

围绕成交时刻展开时间管理

成交时刻，是一个容易被忽略的时刻。很多人认为，只要业务洽谈进入成交时刻，就大功告成了。其实，这种想法是错误的。成交时刻，不仅令人喜悦，更是前进路上一个重要的时间节点。只要有效地把握成交时刻，距离下一次成交就更近了。

CHAPTER 3

第三章
高情商销售员——正确的时间做正确的事

情商，是一名销售员必须提高的能力。但是，很少有人知道，高情商能够让你节省更多的时间，让你的时间管理更加轻松。在正确的时间，做正确的事，说正确的话，总是能让你事半功倍。

CHAPTER 4

第四章

找到每一个“卖点”最合理的抛出时间

卖点，是我们能否顺利地将产品推销给客户的重要因素。好的卖点固然重要，但是，将卖点抛出的时间却更加重要。一滴水，在平日里不会被人重视，但对于沙漠中的人来说，就显得无比可贵。只有将卖点在最合理的时间抛出，才能达到最好的效果。

CHAPTER 5

第五章

别让客户浪费你的时间——客户给你的永远是借口，而不是时间

迁就客户，是一件合情合理的事情。但是，一味地迁就客户，浪费自己的时间，那就显得有点儿笨了。有些时候，客户给了你希望，却只是因为不想给你时间而找的借口。我们只有跳过客户的时间陷阱，才能让自己的时间不被浪费。

CHAPTER 6

第六章

如何让时间效益最大化——让勤奋程度和收入水平相匹配

天道酬勤，每个人都知道，只有勤奋才能让自己不断进步。但是，有些人看起来很勤奋，却始终在原地踏步，这是为什么呢？勤奋也是有效率高低之分。有些人的勤奋着实转化成了成绩，而有些人的勤奋却只是无谓的忙碌。如何才能跳出瞎忙的怪圈呢？那就必须让勤奋获得最大的回报。

CHAPTER 7

第七章

适合自己承受极限的时间管理

我们要求自己勤奋，要求自己努力，严格管理自己的时间，但我们终究不是机器。我们也会疲惫，也会有注意力不能集中，甚至是关键时刻掉链子的情况。时间管理，能够让我们避免在尴尬的状态下与客户见面，避免因为一次失误就与成交擦肩而过。

CHAPTER 8

第八章

把握黄金60分钟，销售工作已完成百分之九十

销售不是拉锯战，更不是长久战。你必须在 60 分钟内让客户做出决定，促成交易。因为这 60 分钟是成交的黄金时间。一旦超过了这个时间，客户的犹豫、异议就会变成拒绝。

CHAPTER 9

第九章

时间管理也是心态管理——用心理学工具提升时间含金量

对一名销售员能力的高低，可以从很多方面来判断和衡量。但至关重要的一点是看他对待时间的方式。因为大多数成功与智商无关，但大多数失败与时间有关。当然，你要管理的不仅是时间，更是心态。销售员适当地使用一些心理学工具，必能如虎添翼，提升时间含金量。

CHAPTER 10

第十章

在生活中销售而不是在销售中生活

很多销售员都在努力地工作，拼命地提升业绩。为此，他们牺牲了休息、娱乐，甚至睡眠时间。可这却是高效工作的天敌，是你工作效率下降的根源。想要成为销售冠军，你就必须懂得协调生活和工作之间的关系，做到高效休息，高效工作，用业余活动激发工作活力。

第一章

珍惜自己的时间，尊重客户的时间

每个人都很珍惜自己的时间，但是，管理时间往往不得其法。不管怎样努力，却仍然觉得自己的时间不够用。作为一名销售员，不仅要找到管理时间的窍门，更要知道销售人员的时间与客户的时间是息息相关的。你只有尊重客户的时间安排，自己才能节省更多的时间。

你为什么总是觉得自己的时间不够用？

你是否经常长时间的忙碌以后，发现自己距离实现目标还是差那么一点点？是否总是想着，如果再给你一点时间，就一定能够获得成功？是否觉得你的客户已经有了充分的购买意向，但就是差那么一点点，偏偏没有更多的时间留给你了？

归根结底，你总是觉得自己的时间不够用。

人们经常将失败归咎于时间的不够用，但偏偏时间是最公平的。没有人一天能够拥有 25 个小时，也没有人的一分钟只有 58 秒。在人世间种种的不公平中，

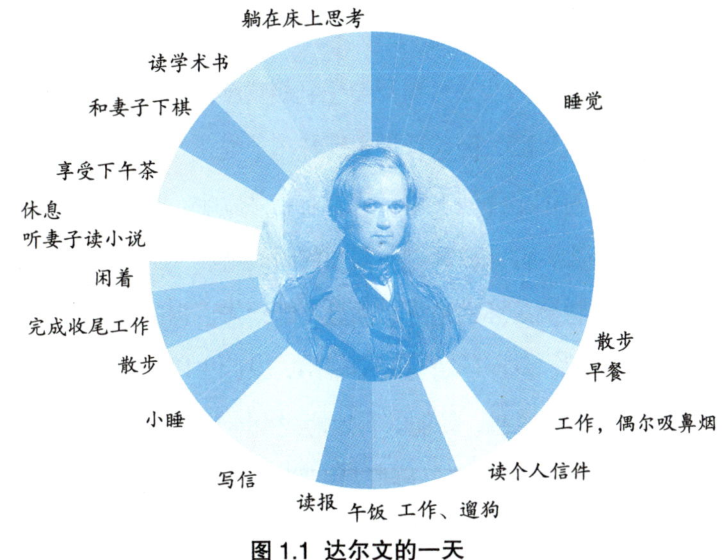

图 1.1 达尔文的一天

时间恰恰是最公平的几样东西之一。所以，你觉得时间不够用，这根本就是一个伪命题。你不是时间不够用，而是没有能够很好地管理和利用时间，在一些无意义的事情上将宝贵的时间浪费掉了。

浪费时间，毫无疑问是一种坏习惯。那么，你有多少种让你觉得时间不够用的习惯呢？对照以下内容，看一看，你究竟有多少浪费时间的坏习惯。

浪费时间的罪魁祸首是拖延症。拖延症，又被人们称为五月病，因为在五月春暖花开的日子，人难免会变得慵懒起来。不过拖延症一旦成为习惯，那就不仅会在五月发作了。做任何事情都想着时间还够，即便是稍微拖延一下，还是能够按时完成。这样一来，可用的时间就会越来越少，用来做事的时间就会越来越被压缩。从最开始的时间还十分充足，到后面只要努努力就能完成，再到赶一赶还是能行的，正是这种变化导致了时间从充足到不够用。当然，到了最后，就会出现不管你怎样努力都完不成的问题，还是慢慢做吧。

告别拖延症，最重要的就是树立危机感。有拖延症的人在最开始总是对自己能够按时完成计划中的事项胸有成竹，随后就开始了一个阶段又一个阶段的拖延。如果你拥有危机感，如果你从一开始就觉得时间紧迫，那么，就不会有拖延的想法。

培养危机感的另一种方法是凡事都要想到最糟糕的结果。任何人都无法保证在做事的时候能够一帆风顺，因为计划永远赶不上变化。即便你的计划理论上非常完美，也不可能绝对不出任何差错。只要有意外发生，只要计划当中的某个环节没能执行到位，那么，你完成计划所需要的时间就会大大减少，就会出现时间不够用的情况。事先想到最坏的结果，并且不断地告诉自己，随时可能出现预测不到和难以应对的状况，从而导致时间不够用，以此来增强自己的危机感，提高时间利用效率。只要做到这些，就能够有效地减少拖延状况。

另外，做事的时候精益求精，同样是摆脱拖延症的方法之一。细节决定成败，这句话或许有些夸张，但绝对不是没有道理。有些时候，一个微不足道的小

细节，就是超越别人的法宝，就是打开成功之门的钥匙。我们做事情的时候，要想的不仅是把事情完成，更要想着把事情做得比别人更好。只有这样，你才能超越别人。那么，你原来为这件事情留出的时间够用吗？或许，你留出的时间，对于完成这件事情来说还算充足，但是，足够让你将这件事情做得更好吗？或者说，足够将这件事情做得比其他人更好吗？也许这是很难做到的吧。既然如此，那么，你还有什么理由拖延呢？你还有什么理由不将所有的时间都用在做事上呢？

拖延症是时间不够用的大敌。而对于想要珍惜时间的人来说，还有另外一个极其容易被忽视的敌人，那就是仪式感。说到这里，你可能会好奇。因为仪式感对于一个人，对于一个集体，甚至对于一个国家来说，都有着巨大的积极作用。为什么仪式感会让你觉得时间不够用呢？一个真实的故事将会告诉你为什么。

郑鑫是个非常有仪式感的人，即便是出门、穿衣、吃饭，都具有强烈的仪式感。这样的仪式感让他在做一件事情之前有一种万事俱备的感觉，让他对所要做的事情充满了信心。但是，随着工作越来越忙碌，他发现，仪式感虽然能够让他对要做的事情充满了信心，但却极大地压缩了他做事情的时间。

就拿穿衣来说，今天穿的未必要跟昨天不一样，但是，一定要成套。不管是鞋子、外套、裤子，还是里面的衬衫，都要搭配得当。再严格一些，腰带、配饰，都是这种仪式感中关键的一部分。然而，想法是好的，实际操作起来可就麻烦多了。在一套搭配好的服饰中，如果有一件脏了，或者由于某些原因今天不能穿，那就要寻找新的搭配。于是，在不断的寻找中，时间就悄悄地溜走了。

在工作这件事情上，郑鑫同样具有强烈的仪式感。他坐到自己的办公桌前，打开电脑，检查所有的工具是否正常，为自己泡上一杯热咖啡，然后才开始工作。如果哪项程序出错了，必须将问题解决了，他才能正式开始工作。如果哪项工具软件出了问题，那就麻烦了。即便今天根本用不到这个软件，他也非要等弄好了软件，才开始工作。于是，经常是当他将所有的事情都弄好，万事俱备，信心满满地开始工作时，时间已经过去一两个小时了。

仪式感，对绝大多数人来说，在绝大多数情况下，都是好东西。唯有对于时间来说，是个糟糕的伙伴。想要完成仪式，让自己拥有仪式感，那就必须花费大量的时间。有两项人们经常追求的仪式感是非常浪费时间的，甚至可以说是浪费时间的罪魁祸首。

第一,万事俱备。虽然完美的环境的确对工作有好处，但却不是必要因素。如果非要咖啡在手边，有悠扬的音乐、整洁的环境、合适的光线才能开始工作的话，那么，这个世界上没法工作的人实在太多了。也许一些伟大的科学发明根本就不会出现在我们的眼前。因为忙着做这些事情的科学家将时间都用在创造一个完美的工作环境上了。

世界上根本就没有万事俱备这回事。万事俱备这个词，只是为了让我们自己更有信心而已。工作当中，你真的需要那么多的东西吗？也许只有一杯提神的热咖啡你就能够完成工作，也许周围乱糟糟的环境你工作起来根本就不会注意到，更别说你糟糕的发型和你今天的工作更是毫无关系。如果你每天总是为此而担心，为此而浪费时间，显然是毫无必要的。

第二，要从什么时间开始做事。人们总是在计算做一件事情要用多少时间，进而为自己制订了非常详细的时间管理计划。例如，早上 7 点起床，整理个人卫生，7 点半开始吃饭。接下来每件事情的时间节点都落在整点上，而没有给自己留下任何回旋的余地。那么，这个计划想要认真执行，并且确保很好地完成，就可能会出现各种各样的问题。

很多人在知道自己能够用更少的时间完成一件事情时，往往是不会抓紧时间去做下一件的。例如，7 点起床整理个人卫生，7 点半开始吃饭。如果只用 15 分钟，就完成了个人卫生整理，余下的时间就可以用来做别的事情。万一做这件事情的时间超过了 15 分钟，那么既定的 7 点半吃饭这件事就可能会被推迟。

这种行为在一定程度上造成了时间的浪费。但是，如果能够将之前剩下的 15

分钟有效利用起来，而且之后的事情也不会被推迟，那么，你所节省的时间就是15分钟加上没有被推迟的那部分时间。如果你能够充分利用这些时间，那么，你就能够比别人做更多的事情。

还有些人对于时间节点是有强迫症的。比如，8点要开始的事情，如果8点没有开始，时间到了8点01分，那么，他就会决定从8点10分再开始。这样一来，这10分钟的时间就被浪费了。而且，这种时间的浪费是非常无谓的。

想要解决计划当中的时间问题，最重要的就是要有前进的意识。如果你时间比计划用得更少，那么，就应该尽快进行下一个项目或步骤，这样你多出来的时间就是你努力的奖励。这样一件事情接着一件事情做下去，最终，你会比别人拥有更多的时间，你就再也不会觉得时间不够用了。

想要更好地克服时间不够用这个困难，不妨为自己设定一个奖励机制。如果自己能够比计划时间更早地做好事情，那么，就给自己一点儿奖励。如果迟了，哪怕是一分钟，也要给自己一点儿惩罚。

当然，最好的方法是不要用小时作为你衡量完成一件事情的时间单位。如果你做事的时间计算单位是分钟，那么，你就会发现时间到底有多重要了。特别是那些整点强迫症患者，一旦你将时间单位换成分钟，你就会发现你到底浪费了多少时间。而且，每一分钟也都可以是你开始工作的时间节点。到时候，你就再也不会抱怨时间不够用了。

时间管理是最高级的执行力

执行力，是成功者拥有的最强大的力量之一。拥有了执行力，才能够让自己的计划圆满地实现，才能够让自己的想法变成现实。如果缺少执行力，那么，不管多么巧妙的计划，多么美好的创意，最终只能存在于幻想中，而无法变为成功的资本。那么，最高级的执行力是什么呢？或许每个人的答案都大相径庭，但是，时间管理绝对是出现频率极高的答案。

如果你能够更好地管理你的时间，那么，你将拥有更多的时间，去做自己想做的事情。这部分时间哪怕创造的利益微不足道，能给你带来的提升也不多，但是能够让你领先他人一步。如果这部分时间被浪费了，那么，你岂不是一点儿提升都没有了？

晓霞是一位律师。她非常上进，非常努力，事业发展得非常顺利。但是，一段时间以后，她开始觉得自己的执行力有所下降。她发现，很多之前计划好的事情，有不少都没有达到预期的效果。那么，这是为什么呢？她很快就发现了问题的症结所在。由于家庭的原因，在这新的一年里，她有了更多、更重的负担。在没有适应新变化的情况下，她将大量的时间浪费在了协调生活与工作方面，这就导致了她工作的时候执行力直线下降。

晓霞想了很多办法来提高自己的执行力，但是，工作效率已经很难提升了，家里的事情又不能不管，最后她选择了提高时间管理的效率和效能。她将时间规划成块，在固定的时间做固定的事情，有规律地兼顾家庭与工作，争取不浪费一点儿时间。果然，她的执行力得到了极大的提高。

如果说有什么是成功的必要标准，那么，执行力显然是不可或缺的。时间管理是能够提高执行力的最佳方法，说时间管理就是最高级的执行力也毫不为过。那么，我们要如何通过时间管理来提高自己的执行力呢？通常时间管理对于提高执行力具有以下作用。

第一，效率不够，时间来凑。当你觉得自己执行力不足的时候，或多或少是因为效率没有达到预期。那么，我们用什么来弥补效率的不足呢？当然是时间。假如在理想的情况下，你需要一个小时完成这项工作，但是，你却没有完成工作。这就是执行不到位。然而，如果你有更多的时间呢？那么，你完全可以将节

省下来的时间用在完成这项工作上。

这虽然并不是什么聪明的做法，但是，勤能补拙，笨鸟先飞。在效率不达标的情况下，如果你能有更多的时间用来工作，总是能让你距离成功越来越近的。

第二，时间让你拥有更好的计划。完美执行的前提是完美的计划。如果你的计划是有缺失的，那么，不管你有多么强大的执行力，也会被漏洞百出的计划搞得苦不堪言。当你的计划足够完美，并且鲜有纰漏的时候，强大的执行力才能完全发挥其应有的作用。而时间是让你拥有完美计划的前提。

人们常说，十年磨一剑。而真正用剑的时候，可能只有短短的一瞬间。可见，事先的准备和计划究竟有多么重要。

第三，时间能够让你在执行时拥有更高的容错率。人非圣贤，孰能无过。在这个世界上还没有从不犯错的人。有些错误的后果，是我们可以承受的。而有些错误造成的后果，是我们不能承受，或者说不愿意承受的。那么，犯错了，应该怎么办呢？自然是马上弥补。亡羊补牢，为时未晚。当然，这句话的前提是你必须有足够的时间。

小齐是某公司的金牌销售员。有人问他："你成功的秘诀是什么？"他给出的回答就是让每个客户满意。那么，他又是如何做到让每个客户都满意的呢？那就是良好的时间管理。

小齐要求自己每次在见客户之前，将一切都准备好。并且，提前出门，以便遇到临时变故也有足够的时间来应对。他有过忘带样品的经历，也有拿错资料的时候，但是，这些都没有影响客户对他的评价。因为他总是有时间来弥补自己的这些错误，总是有时间在羊还未亡的时候就把牢补好。

第四，时间管理是执行力不可缺少的一部分。执行力是什么？执行力就是该做什么事情时就立刻去做，这与时间管理是密不可分的。你只有管理好了自己的时间，才能真正在该做这件事的时候有时间去做。即便之前把一切事情都计划好了，时间到了却没有时间去做事，那么，又谈何执行，又有什么执行力呢？

第五，在事情的最后，良好的时间管理能够弥补执行力不足所带来的缺失。人们常常发现，很多事情开头很顺利，中间也很顺利，结尾却不那么顺利。这主要是在事情最后出现了之前你所没有预料到的状况。如果这个时候已经没有时间了，那么，事情只能以不完美结尾。如果你是个追求完美的人，如果你是个精益求精的人，如果你是个想要成功的人，那么，就必须做好你的时间管理，以便有充足的时间来应对事情发展过程中不可预测的突发状况。

良好的时间管理，不是让你到最后一秒才完成任务，而是让你有余裕的时间和精力来弥补你之前错漏的东西。只要有充足的时间，那么，你就能够在最后的时间里完善你所做的事情，让结尾尽善尽美。

时间管理，就是最高级的执行力。因为时间管理是执行力的前提和保障，是执行力能够不被影响的重要条件，是让执行力能够贯彻到最后的强心剂。如果做不好时间管理，那么，执行力就无法被贯彻到整个计划当中，就丧失了原本应有的力量。所以，在想办法提升执行力的时候，不妨先从时间管理着手。

被忽视的“成功时刻”

成功是我们最终的目标，之前我们所做的一切，都是为了成功。如果没有获得成功，那么，之前所做的事情意义都不大。但是，目前的这个结局真的是最终结果吗？很多人发现，自己的工作越来越难做了，销售变得越来越难了，回头客越来越少了，就是因为他们忽视了“成功时刻”。成功，是我们的最终目标，但是这个“最终”并不是彻底的最终，不是你彻底地停止脚步了的最终。如果运作妥当，“成功时刻”能够为我们带来的远比你想象的更多。

陈明成为销售员不久，他凭着自己的努力和不断学习，终于谈成了一笔大

订单。兴奋的他刚刚走出客户的家门，就打电话向上司汇报："张总，那个客户终于被我拿下了……"谁知那个很有继续合作意向的客户，从那以后就再也没有接过陈明的电话。陈明非常奇怪，明明之前谈得挺好的，对方也有长期合作的想法，态度怎么突然就来了个 360 度大转弯呢？出现这种状况的原因，就是陈明忽视了"成功时刻"。客户听到了陈明打给上司的那个电话，心里很不舒服，于是终止了合作。

销售人员与客户之间的关系，是合作关系，也是博弈关系。销售人员想要以更高的价格，卖掉更多的产品。而客户呢，则想要以更低的价格，买到够用的产品。最终，双方通过协商，达成一致，完成一笔交易。如何达成一致呢？如果能够签下订单，那么，就意味着双方基本上都达成了自己的意愿。客户认为自己以实惠的价格买到了自己想要的东西，而销售人员则是以可接受范围内的价格卖掉了自己的产品。那么，实际上呢？销售人员永远不会亏钱，只是赚多赚少而已。所以，在成功时刻，我们首先要注意的就是不要太过于沾沾自喜。

现在的人越来越注意察言观色了，在买东西还价时，如果对方接受得太快，都要怀疑自己是不是亏了。你可以在谈成订单的时候面露喜色，这是正常的。但如果这份喜悦太过于夸张，那么，客户就会怀疑自己是不是上当了，自己买这个产品是不是多花了冤枉钱，或者销售人员所说的话是否有些不尽真实。所以，在"成功时刻"，你的喜悦要维持在一定的范围内，不要显得过于夸张。

除此之外，还要注意言辞。你和客户的身份是平等的。但是，我们是为客户服务的。让客户满意，是我们的首要标准。因此，言辞方面要格外注意，诸如"搞定""拿下"之类的话尽量不要说。这样的词语，会让客户觉得自己受到了侮辱，觉得自己的身份仅仅是一份订单而已。与客户交往，不仅是为了销售产品，更是结交朋友。如果仅仅是将客户看成一笔生意，一笔订单，那么，就很难与客户建立长期关系了。

那么，在"成功时刻"，我们都要注意什么，要做什么呢？

首先，要在“成功时刻”中寻找下一次成功。我们的确是在追求成功，但是，一次成功还是远远达不到我们的目标。我们需要的是一次又一次的成功。“成功时刻”就是你寻求下一次成功的良机。

既然我们与客户能够达成一致，签下订单，那么，就说明客户对你是满意的，对产品是满意的，对服务也是满意的。为什么我们不趁热打铁，建立长期关系呢？“成功时刻”不仅仅是你一个人的“成功时刻”，同样，也是客户的“成功时刻”。如果能够抓住机会，在一次成功的基础上，建立另一次成功，那岂不是事半功倍？

其次，在“成功时刻”，别忘记你是因为什么而获得成功的。成功的喜悦，是每个人都想品尝的。但是，很多人的“成功时刻”就是头脑最热的时候，满心都是快乐，都是喜悦，而忘记了自己成功的关键点在哪里。等到事后再回想，却发现一头雾水。

只记得成功的滋味儿，却忘记了成功的方法，这是最大的损失。在“成功时刻”，你要牢牢地记住，是什么让你获得了成功，究竟是哪些细节帮助你征服了客户，拿下了订单。只有这样，才能够让你不断地获得成功，不断地享受成功的喜悦。

再次，你觉得已经成功了，但往往实际上并没有成功。成功并不容易。有些时候，我们可以确定，当某个节点出现了某些征兆时，我们就取得了成功。但有些时候，这个征兆可能是假的，只是给了我们一个成功的假象。不到最后一刻，我们万万不能因此放松警惕，认为成功已经十拿九稳了。

商场上的情况瞬息万变，也许前一秒客户还信誓旦旦地表示愿意购买商品，后一秒就变卦，抛弃了你，而购买了他人的商品。只要没有落实到纸面合同上，任何承诺都不代表你已经成功了。在你觉得已经成功了的这段时间里，你的注意力必须更加集中，加快落实工作的剩余事项，尽快让你的成功变成板上钉钉的现实。如果你在这种时候被别人截胡，煮熟的鸭子飞了，那么，“成功时刻”就会

变成“失败时刻”，让你更加刻骨铭心。

最后，“成功时刻”可以是时间的某一个节点，也可以是某一段时间。有些销售人员在结束一笔交易后，就更改了自己的时间管理计划，改变了自己的工作重心。这种做法是合理的，是无可厚非的，但是，这难免会让刚刚合作过的客户有些不舒服。作为销售员，销售的不仅是产品，更是我们自己。维护好和老客户之间的关系，对于以后也是有所帮助的。所以，即便已经成功了，也不能马上改变自己的时间计划。至少要维持一段时间，不要让客户产生太大的心理落差。只有这样，才能真正将签下一笔订单的新客户变成愿意再次签下订单的老客户。

“成功时刻”，是最容易被我们忽视的时刻，是我们放松自己绷紧的神经，开始享受胜利果实的时刻。但是，如果能够有效地利用“成功时刻”，我们就能收获更多，就能赢得更多的“成功时刻”。我们越是想成功，越是渴望成功，就越要注意，千万不能忽视了“成功时刻”。

销售员没有权利要求客户像自己一样“勤奋”

勤奋是什么？这个问题对于每个人来说都有不同的回答。勤奋给每个人的感受也都不一样。有些人觉得，勤奋是成功的途径，勤奋是提高自己能力和地位的阶梯，勤奋是改变自己生活的工具。但还有一些人并不那么喜欢勤奋，认为勤奋是一件很痛苦的事情。的确如此，勤奋就意味着要花费更多的时间在自我提高上，而这部分时间原本可以过得更轻松。我们可以用更高的标准来要求自己，让自己更加勤奋，用更多的时间来提高和进步。但是，你却不能用这个标准来要求别人，特别是你的客户。

客户对于我们来说，就是衣食父母。虽然我们与客户之间的关系是互惠互利的，但是，归根结底，我们是服务客户的。所以，在制订时间计划的时候，要优先考虑客户的情况，随后才是我们。

如果我们一味地按照自己的时间表来行动，就会给客户带来极大的不便。客户因此而恼羞成怒，也并非不可能。所以，我们可以勤奋，但是，绝对不能要求客户和我们一样的勤奋。可惜，有不少人就犯了这个错误。在销售的过程中，因为时间管理问题，他们往往在无形中强迫客户与自己一样的勤奋，最终导致自己失去了客户。那么，究竟哪些错误是比较常见的呢？

第一，按照自己的作息时间去联系客户。这个问题是最基本的常识性错误。每个人的作息时间都不一样，特别是现代社会与过去有所不同。日出而作，日落而息的生活习惯已经不适合所有人了。夜猫子越来越多。甚至对于不少人来说，天黑以后一天才刚刚开始。不少销售人员却忽略了这一点，按照自己的时间表去联系客户，反而把事情办砸了。

世欣通过朋友认识了一位潜在客户。他和客户一起吃过饭，认为对方非常有希望和自己达成合作。当世欣提出合作想法的时候，对方也欣然允诺，说他们企业正好需要世欣提供的这类产品。这下可好，他们不用自己费力地满市场去找了。双方在酒桌上相谈甚欢，最后对方说，今天酒喝了不少，合作的事情明天再详谈。随后，世欣和对方交换了联系方式。世欣认为这一单已经十拿九稳了。

第二天早上，世欣起床以后，马上就拨通了对方的电话，想跟对方约个时间见面。结果对方没有接他的电话，电话响了几声以后直接挂断了。世欣觉得对方可能是误操作了电话，于是又拨了一次。响了几声以后，又被对方挂断了。等到世欣再打过去的时候，发现电话已经打不通了，已经被对方拉进了黑名单。

世欣急忙给朋友打了电话，让朋友帮忙联系对方。没想到，朋友也挂断了他的电话。直到下午，朋友才把电话打过来，询问世欣发生了什么。当朋友得知事情的经过以后，就告诉世欣，他会帮忙问一问情况。晚上，朋友给世欣打电话说，那个客户不会再联系他了。因为客户觉得世欣很没有礼貌。昨晚大家一起喝

了酒，那么晚才睡。今天世欣这么早就打来电话，还连打了三遍。对方一下子就失去了和世欣合作的想法，直接把世欣的电话拉黑了。后来，在朋友的好言相劝之下，客户才愿意再次和世欣联系，谈成了这笔订单。

第二，要求客户和自己一样勤奋，这是不尊重客户的表现。什么样的人是最好的？什么样的作息时间是最好的？什么样的生活方式是最好的？这些都没有一个定论。当我们用自己的时间观念、时间管理方式来要求客户的时候，这无异于将自己的理念强加到了客户身上，也就相当于否认了客户的生活方式与时间观念。

另外，不管从哪个角度来说，我们都是要为客户服务的。虽然不用卑躬屈膝，但如果连在时间上都无法配合客户、尊重客户作息习惯的话，还谈什么服务客户呢？这时候，客户恼羞成怒就再正常不过了。试想一下，如果你在熟睡中，被人三番五次地吵醒，那是怎样的感受？

第三，与客户之间的差异，决定了让客户和自己一样勤奋是不可能的。人和人之间存在差异，这是我们必须正视的事情，也是不可避免的情况。我们做销售，跟客户之间的差异往往是很大的。从身份地位上来说，和我们对接的可能是对方公司的工作人员，也可能是某部门负责人。如果双方地位对等，那么，双方对勤奋观念上的认知可能十分相近。但如果对方的身份是公司负责人，那么，对方在时间管理上很有可能就与我们有着极大的不同。

我们认为晚上 7 点钟时对方应该有空，但有可能对方还在开会。我们认为对方早上 10 点时有空，但对方可能因为昨晚加班还没有起床。双方身份上的差异，最直接地导致了双方在时间管理计划上的不同，双方也就没办法达成共识。

想让客户与我们一样勤奋，且不说我们没有权利这样做，而且，这本身就是一件不可能的事情。我们作为销售人员，除了销售产品之外，更要为客户提供舒适的服务。而配合对方的时间，尊重对方的作息习惯，也是我们为客户提供的服务的一部分。当我们的时间安排与客户有了冲突时，就要尽量配合客户的时间安排，尽量做到让客户舒服，让客户满意。

我们不可能让客户和我们一样勤奋，我们只能选择一个与客户时间有交集的点。只有这样，才能保证我们的时间没有被浪费，也没有强迫客户和我们一样的勤奋。

找到拜访客户的最佳时间

勤奋是提高业绩的重要条件。销售人员只有在短时间内拜访更多的客户才能拿到更多的订单。可更重要的是，你的努力和勤奋是否用对了方式？是否能得到客户的认可？要知道，你服务的对象是客户，一旦不能够让他们满意，或者让他们产生了反感，那么，成交就变得难上加难了。

很多销售人员非常勤奋，努力寻找客户，积极拜访客户。可是，他们的业绩并不好，时常吃客户的闭门羹。没错，他们确实勤奋，是管理时间的高手，可却忽视了一个问题：如何管理客户的时间。因为不懂得管理客户的时间，常常选错了拜访客户的最佳时间；因为不考虑客户的立场，常常在客户忙碌、休息、吃饭的时间拜访；因为不尊重客户，时常没有预约就唐突地拜访……

所以说，不管是电话沟通，还是上门拜访，销售人员都应该从客户的立场出发，瞄准拜访客户的最佳时间。通常来说，拜访客户的最佳时间是上午 9 点到 11 点，这段时间被称为“黄金时间”，是最容易出单子的时间。

这个时间，是客户最空闲的时间，也是客户精力最充沛的时间，双方可以更好地沟通。当然，周一可能除外，因为很多公司会在周一开例会，客户在会议期间不方便接电话，更不方便会见其他人员。尤其是各大公司的领导，周一上午 9

点到 11 点期间不仅要开例会，还要处理很多重要事务。

除此之外，下午 2 点到 3 点也非常适合拜访客户。这个时间段，客户刚刚午休结束，精力比较充沛，精神状态也非常好，容易进入沟通和谈判的状态。如果双方谈到兴趣浓厚时，还可以约客户一起吃晚餐，继续进行深入的沟通。

至于其他时间的拜访，则需要根据具体情况来安排。原则上，不能在客户刚上班时拜访，因为这个时间客户需要处理很多事务，安排一天的工作，根本没有时间和你商谈；也不能在客户快下班时拜访，因为这会延误客户下班，影响客户休息，给对方留下不好的印象。

表 1.1　各行各业客户的最佳拜访时间表

职业或是行业	最佳拜访时间	注意事项
行政人员	10:30–11:30　1:30–3:00	
律师	10:00 前或 16:00 后	
教师	16:00 后	
生意人	13:00–15:00	
医生	11:00–14:00	
家庭主妇	10:00–11:00	避免太早，避免做饭、吃饭的时间
艺术家	早上或中午前	
公务员	上班时间 9:00 之后	避免在休息时间和下班后
饮食业从业者	15:00–16:00	避免上午和吃饭时间
会计、财务	10:00–15:00	避免在月初、月底
工人	12:00–13:00	最好是午饭或是下班后
夜市、夜间值班人员	14:00–19:00	最好在 14 点左右

当然，拜访前一定要事先电话预约，不能直接上门拜访。要知道，没有事先预约就直接拜访，是一种非常莽撞和不礼貌的行为，会给客户留下不好的印象，让客户对你产生强烈的不信任感。

日本赫赫有名的推销之神原一平说："合理利用客户时间，就是尊重对方，让人喜欢你。"

如果你认为，提高业绩就必须勤奋，就必须利用好每一分每一秒，包括下班之后的休息时间、休息日和节假日，那就错了。

如果你在下班休息时，或是下班前拜访，客户是不可能好好地坐下来和你商谈的，不是三言两语地把你打发掉，就是直接让你吃闭门羹。试想，你工作了一天，身体非常疲惫了，好不容易才能够好好休息，和家人享受天伦之乐。这个时候，却有销售人员打来电话，非要和你谈合作，向你推销某某产品，甚至像牛皮糖一样缠住你，你是不是很反感？

同时，休息日和节假日后第一天也不是最佳的拜访时间。休息之后，大家都需要处理很多事务，会议比较多，根本没有时间和精力来应付推销活动。所以，除非是特别紧急的业务，你应该避免在这个时间段拜访客户，尤其是上午。

还有，最好不要把拜访时间安排在12—14点之间，这是午饭和午休的时间。很多企业管理人员，时间比较紧迫，工作比较繁忙，但是有午休的习惯——这有利于他们高效地进行下午的工作。如果你在这个时间拜访客户，那么，就会打扰他人休息，给对方造成困扰，从而导致销售工作失败。

总之，作为销售人员，你可以勤奋，利用好自己的每一分钟，但是，千万不要只顾自己方便，置目标客户于不顾。你必须根据客户的特点，来安排最佳的拜访时间，然后，利用空闲时间做其他工作，比如整理客户资料、策划项目方案、调查客户详细信息，等等。

如此一来，你的勤奋才能产生更大的价值，你的拜访才能产生更多的订单。

为什么制定了一长串的任务清单，真正执行的没有几个？

制定任务清单，这是一种非常有效的时间管理方式。在最早的时间管理书籍中就有介绍制定清单并按照清单做事的方法。但是，很多人在有样学样以后，却发现效果没有那么明显。长长的一串清单，需要做的事情很多，最后完成的事情却没有几件，这到底是为什么呢？归根结底，还是执行力不到位，时间管理不到位。

列清单，制订计划，最重要的是计划具有可执行性。还是那句话，如果计划不能被执行，那么，再长的清单也不过是纸上谈兵。我们想要逐个完成清单上的任务，首先要保证的就是有足够的时间和足够的精力。特别是当你数次没有完成任务清单的时候，就应该检讨自己，你的清单列得是否有问题。

所以，想要全面完成任务清单，就要确保清单上的任务都是必要、有用的。那些无关紧要的事情，尽量不要出现在我们的清单上。否则，不仅无益于提高我们的时间管理效果，反而会让清单上重要的事情被耽搁。想要让清单上的任务能够被有效地执行，那么，第一步要做的就是精简这份清单。

在做时间管理的时候，清单不是越详细越好。如果清单上不重要的事情太多，反而会分散我们的时间与精力。我们首先要做的是集中时间和精力去解决那些比较重要的问题，至于一些鸡毛蒜皮、旁枝末节，做与不做，本月做和下月做都无关紧要的事情，就不需要写在清单上，或者放在清单比较靠后的位置。等我们做完了那些非做不可和重要的事情，再去做那些没那么重要的事情。

另一个导致清单上的事情没能完成的原因，就是执行力不够。制定清单最大的作用就是保证自己能够按时间完成任务，按照计划一件件地完成工作。这是提高执行力的方法。但是，如果从一开始就没能约束自己，从一开始就在推迟清单上的事情，那么，完成清单上的全部事情就成了一件不可能完成的任务。

想要让自己尽量多地完成清单上的任务，在执行力足够的情况下，最重要的就是灵活多变。凡事都不是一成不变的，我们的计划也是如此。做事情的时候，往往需要很多条件，需要时间，需要别人的配合。如果条件不充分，如果情况不足以让我们很好地完成这件事情，那么，我们就没必要非盯着这件事情，非要先完成这件事情不可。

赵晨是个严格按照计划做事的人。在这方面，他甚至有些强迫症。当他从学校毕业，找到了一份销售工作后，他开始觉得时间不够用了。因为并不是所有人都像他一样守时，也并不是所有的事情都会像他计划的那样发展。例如，他计划利用中午时间去见一位客户，与客户一起吃午餐。结果客户有事，这顿午餐一直到 12 点半才吃上。而 12 点半是他计划回公司，整理新产品资料的时间。结果，清单上的事情就这样被向后推延了。

几次以后，赵晨觉得不能再这样下去了。这样不仅浪费了时间，推迟了清单上的计划，还让他的情绪变得焦虑。因为他在等待一件事情的时候，心里总是想着下一件事情的时间将要不够用了。很多时候，为了赶计划，事情都是仓促完成的。

于是，当他再次遇到某件事情暂时不能去做的时候，就会直接开始做下一件事情。哪怕不能完成整件事情，也可以节约不少的时间。

帮你节约时间，帮助你完成清单上任务的方法之一就是选择性地跳过当前任务。我们制订计划，是追求完美的，是在理想状态下制订的。但实际上呢？不可能每件事情都按照我们的计划执行，更不能奢望我们总是能够达到理想状态。一旦有某些事情不能马上着手去做，要被搁置，那么，我们不妨马上开始下一个任务。即便是你觉得时间不够充足，不能完成整件事情，也不要闲在那里，什么都不做。到最后，你会发现，即便是下一个任务你只完成了一半，等完成前面的任

务再回来接手时，也会让你变得轻松很多。

如果以上的事情你都做到了，你的时间还是不够用，还是没办法完成清单上的任务，那么，你还可以将碎片化时间利用起来。人的时间是非常宝贵的。人们经常觉得时间不够用，除了要做的事情太多外，还有一个原因就是浪费掉了不少时间。时间就像海绵里的水，只要挤一挤，总是有的。那么，我们要从哪里挤时间呢？

首先，出行时间。作为一名销售人员，东奔西跑是很常见的。那么，在交通上，你究竟浪费了多少时间呢？特别是搭乘公共交通设施，可以利用的时间就太多了。不管是公交车，还是地铁，你总是能够利用这些时间来阅读一些资料，在脑海中整理你的计划，甚至事先预演与客户见面的场景。清单上有那么多的事情要做，如果有哪项是你可以独自完成的，不妨在公交车或者地铁上来完成。

其次，午休时间。午休时间主要是用来就餐的。这段时间短的有 1 个小时，长的话可能有 2 个小时。那么，我们进餐要用多长时间呢？其实，十几分钟、二十分钟就可以解决一顿午餐。那么，剩下的时间你用来做什么呢？

人在进餐以后，全身的血液会涌向胃部。这个时候，头脑可能不如平时清醒，所以很多人选择在午餐以后小睡片刻。这是一个不错的习惯，可以让自己用饱满的精神状态来面对下午的工作。但是，如果你没有午睡需求，可以用这段时间来做一点儿事情。即便头脑不清醒，不能思考，读一点儿书，学一点儿新的东西，提高自己，也算是有所收获。如果无所事事地度过这段时间，那就是彻底浪费了。

最后，休闲时的注意力。谁都不是铁人，我们除了工作、学习外，总要有一些时间来放松自己的神经，调节自己的心情。但是，休闲时间并非对我们完全没有提高，只要我们将注意力放在正确的地方，总是能够有一些收获的。

例如，在刷微博的时候，信息流中总是会有一些有用的信息。比如，国家政策的变化，各地方发生的事件，你所不知道的新知识等。如果你不仅是把这些事情当成新闻，还能用心去思考其中的因果关系和预测事情的未来趋势，那么，你就能学到新的东西了。

现在人喜欢听英文歌，喜欢看英剧、美剧的越来越多了。如果在欣赏迷人旋律的时候，了解一下歌词到底说了什么，能够在沉迷剧情的时候，关注一下台词的中英文对照，那么，你的英语能力就能获得很大的提高。哪怕每次只能积累一两个单词，日积月累，你的英语水平也会得到长足的进步。

制定清单，完成清单上的任务，归根结底，是对清单的正确整理和更加高效地利用时间。如果能做到这两点，你的清单上就不会再有没能完成的任务了。

不要在错误的人身上浪费时间——前台、门卫的应对攻略

在销售过程中，销售行为的主体是我们和客户。最节省时间的方式，自然是我们与客户直接对接，这样才能直捣黄龙。但是，现实却往往没有那么美好。在我们与客户之间，往往隔着很多浪费我们时间的人。如前台、门卫等。他们显然不是我们的目标，但我们又不能不与他们接触，直接略过。所以，我们要找到应付前台、门卫的最好方法，以便把更多的时间用在客户身上。

前台是我们拜访客户的第一道障碍，不管是通过电话接触客户，还是直接去对方公司拜访，总是难免要跟前台打交道。我们很难绕过前台，因为一般的情况下公司能够找到的联系方式都是前台的电话号码。我们想要与公司当中能够负责的人，也就是我们的潜在客户说上话，那么，就必须让前台帮我们转接。但是，很多公司防备销售人员如同防贼一样，生怕泄露了公司重要部门和负责人的联系方式，更是不肯与销售人员谈话。所以，我们要想让前台帮忙，就必须运用一定的策略。

第一，绕过前台最简单的方式，就是不让对方知道我们是销售人员。既然对方防备的是推销人员，如果我们不暴露自己的销售员身份，那么，交流起来势必会方便了很多。也许，我们会因此比销售人员获得客户更多的相关信息。例如，目标客户的姓名、职位等。

当我们拨通电话，对方询问我们的身份以及目的时，如果我们能直接说出："找行政部李总"或者是"找市场部王经理"，就比"找你们销售部经理"听起来可靠得多。

当前台人员询问你身份的时候，不妨说得模棱两可一些。虽然我们是寻找客户的，但是，也可以说自己就是客户。在很多人眼中，客户是花钱的，销售是赚钱的。虽然企业的前台和门卫对销售人员多加防备，但是对客户十分欢迎。我们假称客户，自然是能够获得更多的便利。

第二，巧妙地从门槛外走到门槛里。如果我们对于该公司是个彻底的陌生人，从没有和该公司的任何人联系过，那么，我们自然就是门槛外的人。门槛外的人，就是前台的重点防备对象，不管你想要联系谁，想要说什么，对方都怀有戒心。不过，一旦你成了门槛里的人，成了该公司某人的熟人，那么，想要让前台帮忙，就变得简单了很多。

当我们想要得知客户的联系方式，或者需要前台帮忙转接的时候，可以说："上午我跟你们公司某人洽谈业务，和他约好下午再联系。但是，这会他的手机打不通，请你帮我转接一下。"

第三，夸大自己的身份。前台有权力将销售人员拒之门外，但是，有太多的事情是前台人员没办法决定的。如果我们夸大自己的身份，捏造出一件前台无法应付的事情，那么，就能够顺利地联系到自己想要联系的客户。

例如："我看到你们公司发布的招租信息，我有一栋办公楼想要出租给你们公司，麻烦帮我转接一下负责人。"

第四，谎称是公务人员。一个公司每天要与许多国家部门打交道，小到水电，大到税务、审计。不管是哪个部门，都不是前台人员所能够对接的。如果能够谎称自己是某个公务部门的人，那么，得到该公司管理层人员联系方式的可能性就大了很多。

如果说电话访问最大的障碍是前台人员，那么，上门拜访最大的障碍就是门卫。不管是去客户家中拜访，还是去客户办公室拜访，都绕不过门卫（小区、办公楼保安）这一关。越是有身份的客户，所处地方的保安措施就越是严格。我们想用最短的时间见到客户，就必须有应付保安的方法。

小区保安是比较容易应付的。即便是管理非常严格的小区，只要报出我是谁，要找谁，登记一下个人身份信息就可以了。但是，如果经常来，登记信息所浪费的时间也会不少。想要节省时间，那么，就必须先“浪费”一些时间。

小陈是一家公司新上岗的销售员。这一天，他和公司的一位前辈一起上门拜访客户。小陈记得，这位客户居住的小区保安特别负责，每次都要盘问半天才能放他进去。当小陈向前辈抱怨这里的保安时，前辈微微一笑，说：“没事，这里的保安人挺好的。”这一句话就把小陈满腹的埋怨堵了回去。小陈好奇地想，一会儿前辈要怎么做才能顺利地进去呢?

过了一会儿，小陈和前辈来到了小区的门前。前辈径直走向了保安室。见到保安，前辈从口袋里抽出了一支烟扔给他。保安接过烟，看了一眼前辈说：“又来了？”前辈笑着点点头。接着，那名保安就给他们开了门。

小陈脸上写满了疑惑。等到进门以后，小陈才问前辈：“你认识这个保安？”

前辈摇摇头说：“原来不认识，聊过几次以后就认识了。”

小陈又问：“聊？这不是浪费时间吗？”

前辈问小陈：“你来过几次？”小陈想了想说：“差不多 10 次了吧，每次至少要 5 分钟才能办好进门的登记手续。”

前辈说：“我前几次来，每次都跟保安聊几分钟。这个小区的每个保安，我都混了个脸儿熟。他们都知道我是做销售的，我来这里是见客户。我现在节省的

时间已经超过50分钟了。更别说，这里以后还要来，节省的时间就更多了。”时间也可以做投资。如果你能够做好时间管理，投资一定的时间，那么，将来就能够节省更多的时间。

大厦门卫的应对方式与在电话中应对前台的方式差不多。只要不让门卫知道你的销售员身份，不让门卫知道你的目的是推销产品，就能够轻易地走进大厦。绕过门卫，还有更好的办法，那就是打时间差。各办公楼门口人流量最大的时间就是早上和中午，这个时候也是门卫最松懈的时候。我们大可以混入上班的人群中，浑水摸鱼。当然，最好的办法还是跟门卫熟悉起来。这样不仅能够让你畅通无阻，更能够让你获得该公司很多的信息。

在见客户时，前台与门卫是销售人员必须应对的一个环节。但只要方法得当，你不仅能够避免麻烦，还能获得他们的帮助；不仅能够节省时间，更能够让你更快地实现目的。所以，想要节省时间，就必须学会应付前台和门卫的正确方法。

客户的时间都去哪儿了？

销售这件事情，并不是发生在销售人员个人身上的。如果没有客户，那么，销售人员不管多努力都是一场空。所以，我们在讨论如何节省时间，如何管理时间的时候，就不得不考虑客户的时间。很多时候，我们并不能顺利地与客户约定洽谈的时间。当我们联系客户的时候，总是会得到“最近没时间”的答复。这就大大增加了销售的难度。那么，客户的时间都去哪儿了呢？

客户的时间和我们一样宝贵。当我们猜测客户的时间都去哪儿了的时候，不妨先想想自己的时间都去哪儿了。我们平时会将时间用在哪里？工作的时间，自然不必说。自我提升，也要占用一部分时间。用餐、交通、睡眠等时间也是必须支出的，剩下的就是休闲时间。

我们简单地将时间划分为以上这几种用途。如果你是客户，你愿意拿出哪部分时间来面对销售人员呢？是工作时间、休闲时间，还是其他生活时间？工作时间，自然是重要的。特别是客户有任务的时候，我们不可能影响客户的工作。而休闲时间呢，是非常私密而宝贵的。你是否愿意拿出这部分时间呢？或者放弃利用休闲时间来提升自我呢？这样看来，似乎只剩下生活中必须支出的时间愿意拿出来从事销售活动了。

结果显而易见，如果你没有一定的诀窍，那么，客户只愿意拿出这部分时间与你来往。也就是说，在你缺少必要手段的时候，约见客户的最佳时间就是用餐和交通时间。用餐时间自然不必说，想约见客户，就请客户吃饭，在酒桌上谈成的订单并不少。而且，交通时间也可以利用起来。例如，客户告诉你没有时间，要出门。你大可以找个借口与客户同行，一起度过路上的时间。也许在路上这段时间里，你会和客户谈成一笔订单。

一位成功的保险销售员的时间管理可以做到什么程度呢？金牌销售员小王是这样做的。他有一位非常富有的潜在客户张总。他取得了张总的联系方式，也见到了张总本人。但不管他用怎样的方式约见，张总给他的答复都是“没时间”。

几次以后，他终于忍不住开口询问：“您接下来要做什么呢？”张总给出的回答是乘飞机去某地洽谈生意。小王询问了张总的航班和座号，毫不犹豫地买了与他相邻的位子。当张总登上飞机，看见小王时，可谓是大吃一惊。两个小时的行程，足够小王施展自己的口才了。到最后，张总被他说服了，买了一笔数额巨大的保险。

只要能找到适当的时机，休闲娱乐的时间，同样是我们能够利用的签单机会。每个人都有自己的爱好，而且独乐乐不如众乐乐，喜欢的事情与别人分享，才会更加快乐。当你知道客户的爱好以后，就可以从这方面入手。

销售员李刚想要向一家国企的保安部门负责人张明推销安保器材，数次约见都没有成功。张明的生活非常有规律。他有一个雷打不动的习惯，就是每天都去附近的一家游泳馆游泳。李刚得知这个消息后欣喜若狂，马上也办了一张这家游泳馆的月票。

几天以后，李刚与张明在游泳馆“不期而遇”了。张明上岸休息的时候，李刚就与他攀谈了起来。没一会儿，双方的话题就引到了安保方面。聊过几次以后，张明就对李刚的安保器材产生了兴趣，主动要求购买一批新的安保器材。

浪费他人的时间，无异于谋财害命。客户总是说没有时间，我们不该质疑客户是否真的没有时间，而是要找到正确的方法，如何避免浪费客户的时间。只有不浪费客户的时间，客户才愿意抽出时间与你谈合作。所以，当客户总是对你说没有时间的时候，不妨想一想，你是否犯了以下几个错误。

第一，说话不说重点。开门见山，单刀直入，会显得你目的性太强，会给客户留下不好的印象。客户甚至认为你完全是为了钱而来的。但是，太过于烦琐的语言，让人摸不着头脑的说话方式，也会让客户对你产生不好的印象。我们做销售，最终目的是和客户达成共识，谈成一笔买卖。在这个前提下，一旦有机会，还是需要尽快奔向主题的。如果许久都没有把话说清楚，或者经常与客户东拉西扯，因爱面子而不谈正题，那么，客户的耐心就会逐渐消失。

特别是在回答客户提问时，很多销售人员会先说明前提，然后再给客户结论。事实上，客户最想听的其实就是结论，然后，才有心情去听为什么会得出这个结论。所以，当遭遇客户提问的时候，不妨先给出一个结果，然后，再向客户做详细的解释。

第二，过于频繁地询问。很多销售人员在销售产品的时候，约见客户的心情是非常迫切的。销售员渴望与客户见面的心情可以理解，但是太频繁地询问客户有没有时间，约见客户，却会让客户产生反感心理。第一次、第二次的时候，客户可能真的没有时间，礼貌地回绝了你。一旦次数多了，拒绝你就会成为一种习惯。客户并不会因为你询问的次数多了，就会觉得不好意思，总归要见你一次。相反，客户只会越来越粗暴地拒绝你，甚至，最后完全不理睬你，拉黑你。如果想让客户在有时间的情况下见你，就不能太过频繁地询问、约见客户。

第三，对客户的不了解。想要谈下一笔订单，那就必须了解你的客户，特别是那些难以说服的客户。有些客户精力非常旺盛，总是有无穷无尽的事情要做。这样的客户必须抓住他们不工作的时候，从他们的私人时间着手。而有些客户比较喜欢闲适的生活，不喜欢太快的节奏。这样的客户就不能在休息时间打扰他们，而是约在其他时间谈合作更加有效。还有一些客户作息时间比较不稳定，对于这种客户可以事先提出约见意向，时间还是由对方来主导更好。

客户的时间都去哪儿了？客户的时间的确珍贵，但更多的时候客户“没时间”只是没有时间给你而已。我们只要保证不浪费客户的时间，就能够找到客户的时间都去哪儿了。

一瞥之间读懂名片信息

名片，从出现以来就是商业活动中不可缺少的角色。商场如战场，每个人的时间都非常宝贵，而名片，就是你能够快速了解一个人的最佳方式。为了让人印象深刻，人们手中的名片也是千奇百怪，上面的头衔、信息也是越来越多。如果你没有掌握一点儿技巧，那么，想要读懂一张名片当中包含的所有信息，可不是一件容易的事情。

那么，如何才能迅速地读懂名片中所包含的信息呢？我们大可以用对待名片主人的方式来区分名片的种类，以便我们能够快速地读懂名片信息。

第一种，名片主人能够成为我们的潜在客户，是说了算的人。名片上带有银行卡号，其主人是最有可能成为潜在客户的。能在名片上印上银行卡号、转账账户等信息，说明名片的主人负责公司财政，而且也有可能是个体从业者，独揽大权。

名片上头衔很多的人，也很容易成为我们的潜在客户。虽然很多人不喜欢名片上头衔很多的人，认为他们不务实、浮夸、好大喜功，但实际上，能在名片上印有大量头衔的人也都是说了算的人。因为如果在公司说了不算，是不可能在名片上印有大量头衔的。

公司老板名片上带工程师或者其他技术人员头衔的，不仅在公司有话语权，而且懂技术。这样的人往往比较务实，沟通起来也比较快捷。不管生意能否谈成，总归不会浪费我们的时间。

名片尺寸较大，需要折叠的，往往是公司的门面人物。一般来说，名片精致的往往是公司老板或者市场、采购部门的人员。他们有更多的机会递出自己的名片，所以才会将名片制作得格外精致。我们作为销售员，主要接洽的对象就是公司的负责人或者采购人员。所以当见到的名片尺寸较大，且比较精致时，那么，名片的主人就需要我们格外注意了。

第二种，名片主人比较精明，来往时也是我们需要注意的人。名片颜色是黑色的，这种公司往往实力比较雄厚，或者态度比较傲慢。前一种，是我们理想中的客户。而后一种，就需要你自己去判断了。一般使用黑色名片的公司，往往与其他公司不一样，所以需要格外的注意。

名片上带有照片，名片的主人对于自己的能力是非常自信的。这样的人往往不仅拥有资本、话语权，更是拥有非常出色的业务水平。我们在与这样的人打交道时，一定要慎重。千万不要因为自己的疏忽，给对方留下不好的印象。一旦能够与对方达成共识，对方就可能会成为我们长期的合作伙伴。

名片设计比较怪异的，说明这是一家比较年轻的公司，而且喜欢动脑筋。喜欢动脑筋，在商业方面可能会头脑灵活，也可能喜欢耍小聪明。至于是哪一种，就要你自己来分辨了。千万不要被人钻了空子，订单没谈成，反而造成了金钱和时间方面的损失。

第三种，不值得我们花费太多时间的人。这种名片的主人往往不是我们的潜在客户，或者不是能够与我们洽谈业务的人。或许是抱着和我们同样的目的，或许是不负责这方面业务的人。总之，我们不要在这些人身上花费太多的时间。

奇形怪状的名片是一种彰显自己个性的方式，但是，这种方式过于急功近利，似乎认为仅靠名片就能展示自己的与众不同，又似乎怕别人没有了解自己的想法。用这种名片的公司往往规模不大，缺少购买力，不是我们理想中的潜在客户。

名片上的头衔大而不当。如今很多公司或者个人都使用了大而不当的头衔，经常在机构名称前加上全球、全世界华人等字样。从这种名片中，我们得不到什么有用的信息。而且用这种头衔的人和公司往往也没有太强的购买欲，他们的推销欲可能比我们更加强烈。所以，不值得将太多的时间花费在他们身上。

明明是公司负责人，偏偏名片上有学者、博士等头衔。这样的人相对于实际利益，更加在乎名声。他们很愿意与销售人员交流，但不管说了多少，最终负责拍板、下订单的人也不是他们。虽然他们有这个权力，但是，他们认为做这个决定不应该是他们做的事情。一旦进入销售话题，他们就会告诉你与公司的采购人员联系。之前不管说了多少，聊得有多开心，也很难一锤定音。

用名片来判断一个人，或者一家公司是怎样的，这并不是最有效的方式。但是，这却是最节省时间的方式。如果我们一天当中会收到大量名片，就可以使用这种方式进行筛选。而我们同样要注意自己的名片设计。如果你的名片给人留下了糟糕的印象，就很难约见客户，谈成生意。我们要如何设计自己的名片呢？材质、信息、字体等都是要注意的。

名片的材质非常重要。人有五觉，传递名片的瞬间，人的视觉和触觉都在起

作用。虽然触觉不是重要的，但是，也会影响人的印象。例如，一件衣服，摸起来质感如何，会成为评价这件衣服好坏的重要因素。

我们的名片要选择厚实、质朴的材质，不需要镀膜。要展示我们务实的一面，也要展示我们是有实力的。

传递信息，是名片的主要作用。利用复杂、花哨的内容来吸引眼球的时代已经过去了。你的名片所传递的信息必须一目了然，让人马上就能理解。正面最好只有你的名字、头衔、联系方式。背面放上你和公司的业务项目即可。这样不仅可以高效地传递信息，更是给人一种专业的感觉。

字体，是给人第一视觉印象的东西。很多人喜欢使用花式字体，显得很有个性。但是，名片最大的作用就是让人看清，并且记住上面的信息。如果你使用的字体太过于花哨，就起不到让人迅速记住的作用。字体越是大方，越是让人看得清楚，就越合适。

我们通过名片了解别人，也要让别人通过名片了解我们。仔细找找，也许你手中的名片里就有合适的客户。

第二章

围绕成交时刻展开时间管理

成交时刻，是一个容易被忽略的时刻。很多人认为，只要业务洽谈进入成交时刻，就大功告成了。其实，这种想法是错误的。成交时刻，不仅令人喜悦，更是前进路上一个重要的时间节点。只要有效地把握成交时刻，距离下一次成交就更近了。

准确判断“成交时刻”——这一单什么时候能成交，你知道吗？

对于销售员来说，没有哪个时刻比“成交时刻”更加激动人心了。成交是我们的最终目的，而“成交时刻”就是我们实现目的的那个瞬间。既然我们渴望这个瞬间，那么，我们就必须想办法赢得这个瞬间。特别是在这个瞬间即将来临，只要抓住一个机会就能成交的时候。这个时候，就需要我们自己做出正确的判断。

如果能够做出正确的判断，那么，就能够迎来“成交时刻”。如果未能做出准确的判断，或者透露了多余的信息，或者做了画蛇添足的事情，“成交时刻”就会从我们眼前溜走，煮熟的鸭子也到不了嘴里。

那么，我们如何判断这一单什么时候能成交呢？又有哪些看似可以成交，但实际上并不能成交的状况呢？

不知道你是否有过这样的经历，当你欣赏一件东西的时候，你会觉得哪里都好，甚至即使有一些瑕疵，也是无伤大雅的。而当你想购买一件东西的时候，你就会觉得那些细微的瑕疵在无限地放大，即便没有什么问题，你也会每时每刻都在担忧将来在使用过程中是否会出现什么问题。俗话说得好，褒贬是买家，喝彩是闲人。古代集市上就是如此，那些不断地赞美商品，不断地在旁喝彩的人，往往不会掏出钱来购买。只有那些不断地询问这东西会不会出问题，不断地挑毛病的人，才是最后掏钱购买的人。

我们在与客户交涉的时候也是这样。当客户开始关注产品的缺点，开始在意这件产品是否有影响使用的瑕疵时，就说明客户开始对你的产品动心了。这个时候，只要你能让客户安心，能够让客户打消疑虑，那么，成交时刻就已经近在眼前了。

除了对质量的疑虑，还有一个信号可以透露出客户有成交的欲望，那就是关注价格。你平日里最关心什么东西的价格？每天都在跟踪的产品是什么？不管这样东西是什么，只要你在关注这样东西的价格，就说明你一定是有了购买欲望。

推己及人，我们是这样，客户同样也是如此。当客户的关注点开始转移，从听产品介绍，到开始询问价格时，就说明“成交时刻”已经不远了。但是，价格是最难过的一关。不合适的价格可能会让客户从“兴致盎然”到“索然无味”，这会直接让你远离“成交时刻”。

在任何时候，作为一名销售人员都应该做好两种准备。一方面是向客户推荐最好的产品，另一方面是向客户推荐最合适的产品。当客户开始询问价格，听到报价以后，并没有马上砍价，而是陷入了迟疑时，你就要开始准备向客户推荐价格低一些的产品了。因为这个时候，客户所思考的问题只有“我要如何拒绝购买，并且显得我不那么小气”和“我要不要狠狠心买了这个”。不管是哪一种，多给客户一个能够接受的选择总是好的。一旦客户是因为价格问题而开始找借口，价格更低的产品往往更容易让客户接受，甚至能够更快地促成交易。

如果你有一件东西很想买，但是，又拿不定主意，你会怎么做呢？如果是我的话，可能会问一问家人、朋友的意见。我们会做出这样的决定，客户同样也会。所以，当客户开始询问他人的意见时，就说明“成交时刻”即将到来了。

客户开始询问他人意见的时候，是最接近成功的时刻，但也是最危险的时刻。我们已经详尽地跟客户描述过产品，让客户知道了产品有什么优势，但是，客户询问意见的人并不一定知道。在对产品一无所知的情况下，被询问的人往往会持反对意见。在这个时候，很多销售员往往会表现得有些急躁，火急火燎地开始反驳对方，甚至会与客户展开一番唇枪舌剑的辩论。这个时候，原本和谐的气

氛就会变得相当尴尬。原本对产品印象不错的客户也会因为气氛的变化，而开始打退堂鼓了。毕竟客户去询问意见的人，都是关系比较亲近的人。相比我们的感受，客户一定更在意对方的感受。

所以，当客户询问他人的意见，而这个人又对我们的产品抱有偏见时，我们一定要沉住气，不要急着反驳。要态度良好，心平气和，就如同你第一次与客户接触时一样。一旦让对方和客户同样了解了我们的产品，那么，“成交时刻”就真正到来了。

一件产品，能够为你带来什么，花费同样的价钱，能否得到更好的替代品。或者说，为了解决一个问题，花钱买某样东西是否值得，这些问题你想过吗？如果你想过，就说明你对这件东西的确是动心了。而当客户开始思考这些事情的时候，也就说明客户动心了。

客户动心，说明我们距离“成交时刻”只有一步之遥。只要能够让客户觉得我们的产品是物超所值，就能一步迈向成交。但是，这一步却不如你想象的那么好走。很多销售员在前面就抛光了自己所有的筹码，掀开了自己所有的底牌，以致在客户最后犹豫不决的时候，自己缺少那最后一根救命的稻草。所以，我建议，任何时候，都要留一张有力的底牌。当客户陷入了计算产品价值的犹豫时，如果你掀开底牌，不管是赠品、折扣，还是其他优惠活动，只要加重产品的价值权重，就能够推着客户走向“成交时刻”。

“成交时刻”是我们的最终目的，就如同摸黑前进，寻找一条通向终点的通路一样。如果能敏锐地感觉出“成交时刻”距离我们还有多远，那么，无疑是在终点之前点亮了一盏明灯，照亮了我们抵达终点的最后一段路。如果我们没能察觉自己已经接近“成交时刻”了，那么，难免会做出一些南辕北辙的事情，难免会继续试探。这样不仅浪费我们和客户的时间，还可能导致成交失败。

围绕成交时刻进行时间管理

“成交时刻”有些时候会很长，有些时候却只是一个瞬间。想要更好地把握“成交时刻”，那就必须有良好的时间管理习惯。特别是为了能够顺利成交，甚至要在这种特殊时刻，进行特殊的时间管理。

在我们即将成交的时候，自然要将成交这件事情放在第一位，其他事情都要向后放一放。即便是手头同时有几个客户，也要优先顾及即将成交的客户。很多销售人员却没能明白这一点，认为反正快成交了，为什么不把时间和精力放在那些还没有成交的客户身上呢?

沈毅是一家公司的销售人员。他平日里非常努力，也特别注意管理好自己的时间。他喜欢未雨绸缪，在一件事情即将解决的时候就开始下一件事情，以此避免有太长的空闲时间。这个习惯在过去的生活当中让他收获颇丰，不管是学习，还是工作，总是能够让他收获不断。但是，偏偏因为这个习惯，他最近丢失了一笔大的订单。

这笔订单来自某工厂，沈毅与工厂负责人相谈甚欢，对方不管是对价格还是对产品都颇为满意。但由于资金周转问题，工厂负责人表示要一个星期以后才能正式签合同。沈毅也没多想，觉得这笔订单已经十拿九稳了，只等一个星期以后与对方签合同就行。他没有想到的是，一个星期以后，他再次联系工厂负责人的时候，对方却告诉他，已经与别人签了合同。因为工厂找到了价格更加低廉的供货渠道，并且，对方同意先供货，等他们的资金到位后再付款。

赵毅觉得非常委屈。竞争对手给出的价格在赵毅的底线之内，况且，对手承诺客户可以先提货后付款，赵毅也可以做到。只是因为客户当时没有提出这个要

求，赵毅也就没有及时跟进，才导致本可以到手的订单被竞争对手抢走。

在许多时候，销售过程都不是一帆风顺的。看似即将成交，但也可能发生各种各样的变故。一旦因为我们没能将更多的时间放在即将成交的客户身上，出了问题，那么，我们之前的努力就全都白费了。俗话说，百鸟在林，不如一鸟在手。我们固然可以有远大的目标，但是，只有抓在手里的订单，才是最实际的。

由此可见，“成交时刻”的时间管理是非常重要的。但是，要如何管理呢？有以下几点是你在“成交时刻”最需要注意的。

第一，“成交时刻”来临之前，并不代表你已经成功了。尽管你无限地接近“成交时刻”，但只要还没到，那么，就不能放松警惕。而且，原本的时间管理计划最好不要更改，以免出现变化。该抽出时间联系客户时，千万不要偷懒。不管是约见，还是电话商谈，都要继续下去。即便没有什么需要说明的东西，也要表达一下你对客户的关心。

不要让“成交时刻”因为你的匆忙而变成了成交事故。如果你不能够时时跟进，那么，订单很有可能会因为各种各样的原因溜走。

第二，对“成交时刻”的关注，不要仅盯在客户身上。当你接近“成交时刻”时，任何有关成交的信息，对你都是至关重要的。有些时候，成交未必就是最好的选择，而且，有些时候成交的内容，也需要多次进行调整。

例如，在成交之前，突然得知某竞争对手异军突起的消息，那么，就需要用更多的优惠政策抓住客户的心。如果商品价格由于一些不可抗力因素，突然发生较大的波动，那么，贸然地签下订单，就会让公司蒙受损失。这个时候，我们就需要和客户重新商量合同的内容。还有些时候，公司的产品批次出现了问题。那么，此时就需要主动和客户联系，取消订单，以免后续出现较大的麻烦。

第三，“成交时刻”需要重点照顾，但并不是我们的一切。“成交时刻”很重要，我们需要专门为它制订一个时间管理计划。但是，它并不能成为我们时间管理中的一切。我们的时间管理计划需要调整，但不能完全围绕着“成交时刻”来进行调整。我们总要有时间去做其他工作，我们总要在忙碌的工作中调整自己的心态。一旦所有的事情都围绕着“成交时刻”进行，那么，我们将为之忙碌得疲惫不堪，我们的生活、工作也将成为一团乱麻。

“成交时刻”的时间管理方式，必须是有针对性的，根据不同的客户、不同的签单方式，来调整我们的时间管理方式。而且，改变时间管理计划的幅度也不应过大，微调就是最好的方式。如果变化过大，跟客户的关系就会发生比较大的变化。微小的变化，反而能够有利于我们维持“成交时刻”的状态。

成交当然越早越好，但“早不了”怎么办？

前面我们已经说过，不管有多么好的形势，只要订单没能正式签下，没能正式成交，那么，也不能算是取得了成功。既然成交是我们的最终目的，那么，自然是越早越好。可惜，天有不测风云，想要让每件事都能称心如意，是不可能的，有些时候偏偏不能早成交。对于这种情况，用夜长梦多，再合适不过了。如果不想些办法来应对，那么，就会在这次销售当中失去主动权，甚至，最后失去我们努力了许久的订单。

那么，在成交早不了的情况下，我们应该怎么办呢?

首先，要控制自己的心态。成交，除了是商业行为之外，也是人与人打交道的过程。我们要经常根据客户的言谈、举止、行为，来判断客户的状态、心理和真实的想法。而客户也是一样，会通过我们的表现，来判断我们的状态。一旦我们因为成交早不了而心态失衡，那么，客户就会敏锐地察觉到。

心态失衡，这件事情说大不大，说小也不小。往小了说，这是人之常情。人们在距离成功一步之遥的时候，难免会变得患得患失，这也是可以理解的。但

是，往大了说呢？我们在推销产品的时候，也是在推销我们自己。客户会下订单，会购买产品，有些时候，不仅是因为产品的足够出色，更是因为销售人员本人所做出的保证和承诺。如果你这么容易心态失衡，那么，客户要如何相信你能对销售的产品负责到底呢？即便这一次客户和你签下订单，那么，是否还会有下一次呢？

所以，第一步，我们就是要控制自己的心态，不要让自己患得患失，忐忑不安。特别是不能在客户面前表现出一丝的不自信，表现出心里没底。只有我们对自己有信心，客户才会对我们有信心，才愿意相信我们。

其次，控制好客户的心态。成交是双方的事情，只有一方一厢情愿，那么，成交是绝对不可能的。成交早不了，这是一种我们与客户之间已经谈妥了一切，但却因为某种原因没能正式签下订单的状态。在这种状态下，我们可能会患得患失，担心煮熟的鸭子飞了。客户也会有一些心态的波动，会开始反复地计算这笔交易是否划算，是否还有更好的选择。在这段时间里，客户有了更好的选择，或者突然变卦，那都是非常正常的。为了避免这种情况发生，我们必须控制好客户的心态。

老陈是一家地产公司的金牌销售员。在一段时间里，他经常陪着一对年轻夫妇看房。妻子很喜欢老陈推荐的房子，而丈夫则显得有些犹豫不决。最后，丈夫还是下了决心，说要买下这套房子，但是，不能马上成交。因为他们的理财产品还要一个星期才能到期。

在这一个星期里，老陈仍然保持着原本的习惯，仍然每隔一天就抽时间跟客户联系一次。不过，关于售楼的事情越谈越少，每次都是闲聊几句。特别是关于家庭的事情，老陈说得最多。年轻的同事不理解老陈为什么要把时间花费在一个已经下决心买单的客户身上，更不懂老陈不谈业务，光是闲聊，到底是为什么。

老陈解释说，当然是为了保证客户能够在一周以后还想成交。客户在决定购买的时候表现得犹豫不决。如果在这段时间再发生别的事情，那么，客户很可能就会改变想法。既然他的妻子喜欢这套房子，那么，就多跟他聊一聊家庭。老陈从聊天中得知，丈夫想要买一套小点儿的房子，暂时不要孩子，用钱去做投资。在这个时候，老陈就经常为他描绘买了房子以后，他的家庭生活会有多么幸福。一个贤惠的妻子，一个可爱的孩子，正是这些美好的情境坚定了客户成交的决心，稳住了客户的心态。

最后，做好成交的准备和成交之后的规划。成交是我们的阶段性目标，一次又一次的成交能够让我们一次又一次地提升自己。所以，当我们在距离成交一步之遥的时候，不妨利用这段时间进行下个阶段的规划。不管这一次能否成交，都要维护好与客户的关系。成交固然是好，维护好关系可以让我们获得下一次成交的可能。如果没有成交，买卖不成仁义在，也许下一次就能和对方真正成交。

成交的准备也是非常必要的。因为一旦成交，你之前说过的事情就都要落实下来。不管是售后服务，还是之前承诺的其他事情，都要一一兑现。如果没有提前准备好，就会给客户一种“明明时间过去了这么久，为什么你还没准备好”的感觉。这个时候，客户就会觉得自己被忽视了，即便是这次能够顺利成交，那么，下一次也将会变得困难重重。如果所有的事情都能够提前准备好，那么，客户就会觉得和你交易是一件非常舒服的事情，有一种真正享受服务的感觉。客户对你的好印象，就是下次成交的重要筹码。

成交早不了，这是一件非常正常的事情。当我们不能尽早成交的时候，就要保证成交率。不管早晚，只要成交，总归是好的。在即将成交但尚未成交的这段时间里，我们能够做的事情还有很多。不管是对我们自己，还是对客户，这段时间都是非常宝贵的。我们要利用好这段时间，而不是让这段宝贵的时间在忐忑不安中度过。

江恩时间法则在销售领域的妙用

美国投资界最具有传奇色彩的大师江恩最重要的成就就是他所留下的时间法则。他将时间与财富完美地结合起来，创造出了循环理论、倍数理论、分割理论。那些理论至今仍然是不少股民炒股的重要依据。江恩时间法则毕竟是与时间有关的，那么，我们在进行时间管理的时候，能否将江恩时间法则运用在销售领域呢？当然是可以的。

江恩时间法则是一种自然法则，是根据大量数据总结出来的经验。人们无意识地遵循江恩时间法则来做事，甚至成为一种固定的习性。我们可以利用江恩时间法则来总结客户的行为规律，进而帮助我们成交。下面，我们就来详细地看一看江恩时间法则的不同内容在销售领域都有哪些运用。

循环理论是江恩时间法则中的主要部分。它将时间用不同的图形代表，随后进行分割，得出了一定的循环周期。

其中，比较重要的周期，短期循环有 1 小时，2 小时，4 小时……18 小时，24 小时，3 周，7 周，13 周，15 周，3 个月，7 个月。中期循环和长期循环就不在此赘述了，毕竟作为一名销售人员，要有只争朝夕的精神，我们平日里也不会遇到需要谈长达一年的客户。

那么，我们要如何将循环理论运用到销售领域和时间管理当中呢？循环理论主要可以运用在我们约见客户、与客户联系这件事情上。当我们与客户的交流进入僵局的时候，按照循环理论，我们完全可以等一个短循环结束以后再次与客户进行交流。

如果潜在客户对我们的产品毫无兴趣，那么，我们同样可以在 3 个星期以后再次联系客户，询问对方是否有需求。一个短循环，可以让客户对我们的态度回到最初，这样就可以消除客户的抵触心理，为我们争取更多的机会。

循环理论在销售领域还有更多的运用。很多商家会定期举办促销活动，销售人员则需要联系客户，询问对方是否对促销活动有兴趣。这个周期多长才算合适呢？根据循环理论，我们大可以取其中一个短周期来进行。

短周期的循环能够保证客户的需求回到原点，那么，也就意味着客户的需求回到了上次购买产品的时候。这个时候，我们向客户进行促销，必然能够取得不错的效果。当然，究竟采用哪个周期，要以用户的情况和所销售的产品为准。

江恩法则的分割比率是以 8 为基础数字对时间进行分割，认为任何活动都可以用 8 作为分割基数，按照不同的比率活动。分割比率已经被大量的数据证实是非常可靠的。例如，我们的工作时间是 8 小时。上午可能是 3/8，下午则是 5/8。而我们能够完成的工作量上午可能只有 1/4，而下午可能有 3/4，同样是 8 的分割比率。既然如此，我们就可以将分割比率运用到销售领域中来。

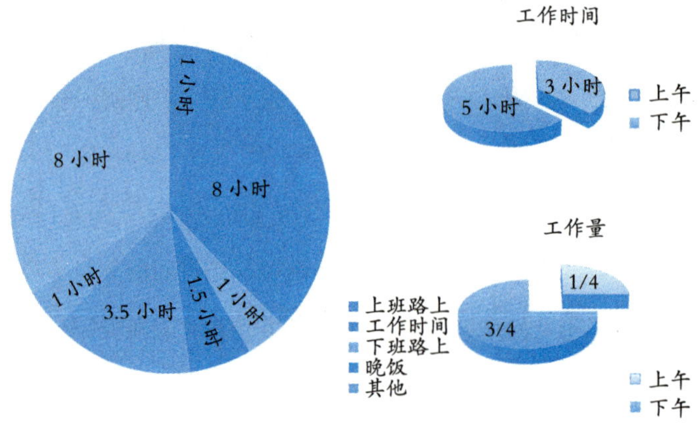

图 2.1 上班族的一天

例如，当我们向客户推销一批产品的时候，客户可能觉得这批产品的数量太多了，那么，客户觉得下一个比较合适的节点可能就是 75% 或者 50%。按照分割比率，我们能够提前知道这件事情，并且，针对这一点做一些文章。例如，我们在做促销活动的时候，七五折对于客户而言，会是一个更加合适、更加容易被接受的折扣尺度。例如，我们在与客户讨价还价的时候，能够达成客户要求的 3/4，或者是 7/8，都是能够让客户感到比较舒服的比例。

倍数关系是分割比率的另一种运用。任何商品价格的涨幅都可以 8 为倍数进行观测，形成压力位和支点。例如，如果客户接受了价格的调整，那么，上涨 25% 可能就是这个价格的支点。只要上涨不超过 25%，客户便能够接受，但是，一旦上涨超过 25%，客户则会果断地拒绝。而如果情况特殊，上涨能够突破 25% 的话，那么，就可以朝着下一个支点 37.5% 进发。而上涨一旦超过 37.5%，就可以展望一下 50% 了。因为这几个点位，都是人们的心理支点，一旦突破了这个支点，那么，在到达下个支点之前就不会遇到太多的阻力。

江恩法则中的时间间隔是非常复杂的。其中，既有关于历法给人们带来的显性惯性，又有分割比率为人们带来的隐性习惯。这两者都是我们要牢记的时间点。例如，1 周有 7 天，而 7 周是 49 天，那么，49 天就是一个非常重要的日子。

既然人的想法在 49 天的时候可能会发生一个较大的反转，那么，开始转变的日期应该在前几天，大概是 42 天到 45 天。而 45 天，刚好是一年的 1/8，又与分割比率对上了。

我们可以运用这个法则，来寻找和判断客户想法转变的时间。45 天只是个例子，我们可以利用分割比率以及循环法则来制定我们的时间表。有哪些客户在之前已经拜访过，但是没有回应的，那么，在一个分割比率时间以后，我们就应该再次拜访。

将我们拜访客户与潜在客户的时间记录下来，并且，按照江恩时间法则制定出下次拜访的时间表。一般情况下，只要我们严格遵照时间表来行动，就会有更好的效果。又比如，我们与客户已经达成了口头协议，那么，应该以 7 天为限，正式成交。7 天以后，客户的想法就可能发生改变。

江恩时间法则将时间周期与价格结合了起来，其实也是对人心、人性、人们时间惯性的一种把握。这在销售领域当中同样重要。我们只要能够抓住客户对于价格的心理支点，找到一个稳定的成交时间，那么，不管是在谈判当中，还是成交时刻前后，都能有更多的时间去制订有针对性的应对方案。

江恩时间法则中所包含的内容太多，但是，江恩本人在世的时候还没有来得及给出法则的准确定义。这就为后来者研究江恩时间法则提供了大量的想象空间，或许江恩时间法则在销售领域将来会有更多的妙用。

避免成交后的“时间黑洞”

“时间黑洞”是一种会吸收时间，让人觉得时间越发不够用的忙碌状况。在学会时间管理之前，身上存在“时间黑洞”是一件很正常的事情。不管是日积月累的习惯，还是生活当中发生的意外，都有可能成为“时间黑洞”。

令人不解的是，为什么成交之后也会出现“时间黑洞”呢？正式成交以后，我们不就可以解放出一些时间了吗？事实上，究竟在成交之后会解放你的时间，还是会出现“时间黑洞”，完全要看你是如何运作成交这件事情的。

一次圆满的成交，是不会留下任何隐患的，完全可以将剩下的事情交给售后部门来做。这个时候，我们就有充足的时间去面对下一个客户。而有些时候却会出现一些问题，让这次成交在完成以后仍然不断地吞噬着我们的时间。如果在一次成交之后，你还在为此而忙碌，那么，你就应该想一想，在成交的过程中是否出现了以下几种状况。

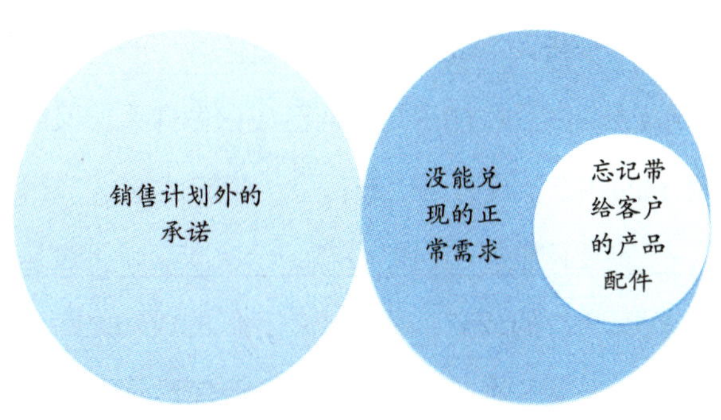

图 2.2　成交后浪费时间的因素

第一，是否有什么事情没有跟客户说清楚。销售人员的职责并不只是将产品销售出去，更多的时候还要负责讲解产品的使用方法，告知产品应该注意的使用事项。如果事先没有将这些事情说清楚，那么，就会有很多麻烦。

可能明天客户就会打来电话，问你为什么产品没有效果。后天客户又会打电话来，说产品已经坏了。不管产品出了什么问题，第一个想到的必然是将产品卖给他的销售人员。因此，不管出了什么状况，都是要你去解决的。这个时候，你当初少说的几句话，就会浪费掉你大量的时间，成为成交之后的“时间黑洞”。

第二，对客户的承诺没有实现。我们在与客户交流的时候，为了实现成交的目的，往往会向客户许下很多承诺，或许是服务上的，或许是优惠政策，又或许是其他方面的一些保证。这些承诺可能在常规之内，也可能是我们努力争取来的在常规之外的优惠。

对于常规之内的优惠，例如一些赠品、服务项目，自然是不会忘记的。但如果有一些常规之外的承诺，成交以后可能就不会记得那么清楚了。即便我们记得，常规之外的承诺也不是我们时刻都准备好了的。如果不凑巧，那么，我们就要花费很多的时间去完成对客户的承诺。这样就形成了“时间黑洞”。

第三，进行自我调整，不要觉得一次成交就什么都结束了。这一点在销售新人身上非常常见。有不少新人在成交结束以后就陷入了一种迷茫。因为没有做好下一步的计划，所以成交以后往往不知道自己应该做什么。又或者，在成交以后陷入了一种志得意满的状态，没有马上进行下一步的计划。

成交的时候，一定要调整好自己的心态。一次成交，不过是我们成功路上的一个节点。只有一次又一次的成交，才能成就我们的成功之路。如果因为一次成交，就开始扬扬自得，止步不前，那么，哪里还会有下一次成交呢?

其实，如果想要避免这些“时间黑洞”，也是有办法的。

我们要精进业务能力，在促成成交这件事情的时候有必要保留一定的底线，不能为了一次成交而开出大量额外的条件。只有这样，才能保证万无一失，才能保证成交以后不会一次次地被客户找到，解决上一次成交时没能解决的问题。

另外，就是要做好时间管理，做好计划。人要常立志，也要立长志。只有时刻提醒自己距离最终的目标还有多远，才不会在取得阶段性成功的时候忘乎所以，浪费宝贵的时间。

避免“时间黑洞”是一种一劳永逸的办法。但人非圣贤，孰能无过。如果不慎让“时间黑洞”出现了，那么，怎样才能解决呢?

首先，亡羊补牢，不要存在侥幸心理。当出现一个疏漏，并且，已经造成了时间浪费时，我们要做的不仅是解决这个问题，更要检查是否还有其他的疏漏。

例如，当你少给客户一个配件，为客户带来麻烦，浪费了客户和你的时间时，在送配件前，还要检查一下是否还有其他漏掉的配件，是否还有其他忘记告诉客户的注意事项。万万不能觉得自己只犯了一个小错误，解决了就行了。

一次不慎已经浪费了时间，那么，不如借着这次机会进行一次全面检查，以防浪费更多的时间。

其次，“时间黑洞”的出现必然是时间管理出现了问题。不仅是销售，不仅

是在成交之后，任何时候出现了“时间黑洞”，任何时候我们感觉时间被浪费了，时间不知道去哪儿了的时候，都应该及时检视自己的时间管理计划。

这可能只是一次小小的疏漏，也可能是一次警报。万一你的时间管理真的存在问题，那么，“时间黑洞”就是最好、最明确的反映。

所以，当“时间黑洞”出现的时候，万万不要掉以轻心，一定要重新检查自己的时间管理计划。

“时间黑洞”并不可怕。不管是谁，都无法彻底避免“时间黑洞”的出现。重点是当“时间黑洞”出现的时候，要警惕起来，要认真对待。很多人当“时间黑洞”出现以后，不仅没有马上调整时间管理计划，反而觉得这是无所谓的事情，放任“时间黑洞”的存在，甚至任由“时间黑洞”不断地扩大。当你的“时间黑洞”不断扩大，你却仍然觉得无所谓，且毫无举措的时候，那么，成功就距离你越来越远了。

从一个成交时刻走向下一个成交时刻的最短路径

之前，我们已经强调过，成交不过是我们的阶段性目的。而想要实现最终目标，就需要首先实现一次又一次的成交，获得一个又一个的“成交时刻”。那么，当我们来到一个“成交时刻”之后，马上走到第二个“成交时刻”才是我们最理想的状态。任何提到理想状态的时候，都说明这种状况是非常难以实现的。为了实现，或者接近理想状态，我们需要找到最短的路径。

想要找到不断成交的捷径，就要搞清楚我们是如何成交的。在一次成交当中，必定是有销售和客户的。如果只有一方存在，那么，成交这件事情本身就是不可能成立的。而一次成交，就意味着客户对我们的产品满意，对我们的服务满意，更重要的是对销售人员本身满意。在整个成交过程中，具有决定性影响的绝对不是只有产品，销售人员本身的素质也是非常重要的。

如今已经不是好酒不怕巷子深的时代了。人们每天都要接收大量的信息，如果没有有效的市场宣传，再好的产品也难以打开市场。除了广告和口口相传之外，最重要的就是销售人员的宣传。

所以，不断成交的捷径之一，就是不断地提高我们销售员自身的能力。一次成交与下一次成交间隔多久，这往往是由我们的个人能力直接决定的。只要我们有足够的个人能力，只要我们足够出色，那么，从一个“成交时刻”走向另一个“成交时刻”，就会变得容易很多。

我们自身的努力，固然能够让成交变得更加简单，但是，客户方面的因素同样不可忽视。人们常说，一回生，两回熟。这就是销售的秘诀之一。当你说服一位客户购买产品的时候，就说明客户对产品已经有了足够的了解，对你本人也有了足够的认可。

那么，当你和客户第二次打交道的时候，就能节省大量的时间。对于老产品，除了些许的变化外，几乎不需要任何多余的话语就可以成交。而对于新产品，也只需要讲解产品的特性与功能，而省略了销售人员需要得到客户认可这一步。

跟客户做一次生意，不如跟客户做一辈子生意。跟客户做一辈子生意，不如跟客户做一辈子朋友。道理就是这样，如果只想着如何获利，只想着自己的便利，那么，你的生意只不过是一锤子买卖。即便有成交，也很难有连续不断、一次又一次的成交。

只有想着双赢，除了为自己着想，还要为客户着想，这样才能够得到客户的认可，才能真正地拥有回头客。试想一下，当你和客户成为朋友以后，客户如果想要购买你销售的产品，那么，第一个想到的必然是你。到了这种时候，“成交时刻”甚至会自己找上门来。

小陈是一家橱柜公司的销售人员。她自认为从小就是个口齿不甚伶俐的人。她从事销售这一行，几乎没什么人看好。但是，工作几年以后，她的销售业绩让所有人瞠目结舌。她供职过两家橱柜公司，她在每家都是金牌销售员。那么，她成功的诀窍在哪里呢？

用小陈自己的话来说，那就是真诚。她觉得自己在口才方面不如其他销售人员，那么，想要让客户认同她，相信她介绍的产品，就只能靠真诚。

这种看似很笨的方法，让她收获了大量的客户。几乎每个从她这里购买橱柜的客户，都对这个全心全意为客户考虑的女孩留下了深刻的印象。也正是因为如此，客户不仅对她推荐的产品放心，更愿意将她推荐给亲人和朋友。

当小陈向老板提出加薪的时候，老板对小陈的成绩是不屑一顾的。在老板眼中，这个女孩并不具备他理想中出色的销售人员的伶俐口才，认为小陈能够取得如此好的销售业绩，全靠自家的产品质量过硬。所以，老板毫不犹豫地拒绝了小陈。

让老板没有想到的是，小陈换了一家店，仍然获得了成功。老客户在介绍新的客户给小陈认识时，并不在意小陈现在销售的橱柜是什么牌子。因为他们知道，小陈不会坑他们，只要是小陈推荐的东西，就一定是可靠的。即便是出了什么质量问题，找小陈也都能够顺利地解决。

正是凭借着真诚，一个口才普通的女孩仍然能够成为金牌销售员。

既然提到“成交时刻”，那就不得不提到时间管理。想要让“成交时刻”接踵而至，那么，就必须要有良好的时间管理习惯。作为销售人员，不可能一次只面对一个客户。将一整天的时间用在一个客户身上，即便你愿意，客户也不愿意。良好的时间管理，可以让我们每天同时面对多位客户。只要规划好时间，就不会有问题。当客户们逐个被你说服，决定与你成交的时候，“成交时刻”就会一个接一个地到来。

从一个“成交时刻”走向另一个“成交时刻”，我们需要找到最短路径。只有最短路径才能够加速我们的成功，让我们实现人生目标。但是，抄捷径也不是没有底线的。很多捷径可能比上述的方法更快、更容易，但是，造成的负面影响也有可能是致命的。一次不诚信的交易，可能会让你快速地实现一次成交，但是，下一次呢？你不可能每次都是那么幸运。

我们要找的近路可能是崎岖的，可能是艰辛的，甚至是荆棘密布的，但绝不是有着致命风险的。有些近路，看起来更近，但实际上，我们与目标之间可能隔着天堑，隔着悬崖。一个不小心，就将落入万劫不复的深渊。

第三章

高情商销售员——正确的时间做正确的事

情商，是一名销售员必须提高的能力。但是，很少有人知道，高情商能够让你节省更多的时间，让你的时间管理更加轻松。在正确的时间，做正确的事，说正确的话，总是能让你事半功倍。

金牌销售和普通销售用同样的话术，为什么差别那么大？

作为一名销售人员，我们最大的倚仗，除了产品自身过硬的质量外，就是我们的话术了。很多时候，能够将金牌销售员与普通销售员从根本上区分开来的也是话术。很多人不能理解，如今的话术已经严重同质化了。

有些时候，销售员在培训期间会学到大量的话术和技巧。大家使用的话术都差不多。但偏偏有些人能够迅速地成为金牌销售员，而有些人则一直都是普通销售员。问题究竟出在哪里呢？究竟是什么原因导致金牌销售员与普通销售员运用话术的效果差别如此巨大呢？其实，这种差距并不是因为说话的内容，而是说话的时间。

说话的时间，能有什么问题呢？不仅有问题，而且问题很多。我们就逐条来讲一讲说话的时间究竟应该怎样来掌握。

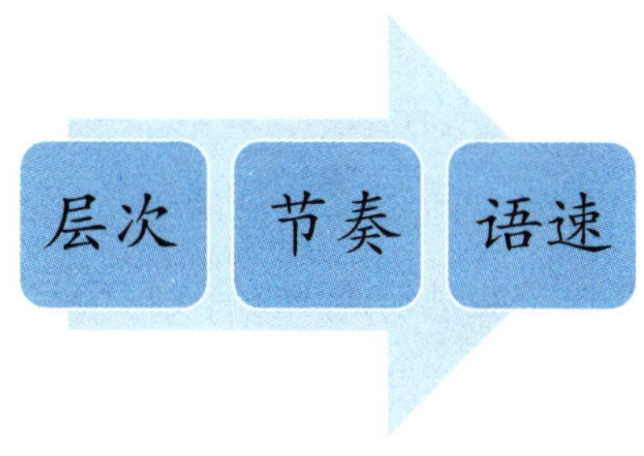

图 3.1　影响说话效果的三个主要因素

首先，说话要有层次。人的心理是非常奇妙的，甚至出现了心理学这种专门研究人们心理的课程。想让客户喜欢听我们说话，那就必须掌握一定的心理学原理。门槛效应，是销售员必须掌握的一种心理学原理。而使用门槛效应的最佳方式，就是在说话的时候有层次。

门槛效应，就是当人们拒绝了一个较为麻烦的要求以后，会因为补偿心理的作用，倾向于接受一个相对简单的要求。我们在向客户提出要求，与客户讨价还价的时候，就需要利用门槛效应，将成交的条件划分出不同的层次。

例如，当客户有购买意愿的时候，我们不妨先向客户提出一个较大的数额，即便这个数额客户肯定不会接受也不要紧。而当客户拒绝的时候，我们再提出一个真正想要让客户接受的数额，这样客户就比较容易接受了。

另外，语言中所包含的意思也需要有层次。交浅言深，一直是交流的大忌，我们在与客户交流的时候同样如此。如果和比较熟悉的客户交谈，我们自然可以将话说得直白一些。例如，当客户选择了不适合自身条件的产品时，如果与客户比较熟悉，那么，就可以委婉地告诉客户这一款产品并不适合他。但是，如果是陌生的客户，就只能想办法为客户推荐更加合适的产品，否则，如果直言相告，就有可能惹怒客户。

其次，说话要有节奏。话术并不是单纯地用语言说服对方。因为如果你想要改变一个人的思想，一味拼命地向对方的头脑里灌输你的观点，是效率最低的办法。客户并不是我们的学生，一味地想说服客户，试图改变客户的想法，只会引起客户的反感。所以，想要更快地说服客户，需要客户自己的帮助。

与其喋喋不休，口若悬河，不如掌控说话的节奏。如果有人连珠炮一样对你说话，你有时间思考吗？客户也是一样，如果我们不给客户留出足够的思考时间，只靠我们的力量，想说服客户是很难的。但是，如果我们能够给客户思考的时间，并且加以有效地引导，那么，客户的思路就会转向我们指出的方向，最终来到我们希望客户来到的地方。

说话的节奏，主要是指语句和交谈当中的停顿。在我们需要让客户思考的时候，可以停顿，给客户留出思考的时间，而在我们不想让客户思考的时候，就不要停顿。只有让客户的想法跟着我们走，这样才能更加快速地成交。

最后，说话的语速也很重要。每个人对于语言的接受能力都是不一样的，除了个人差异外，注意力是否集中，当天的状态如何，以及其他因素都会有所影响。其中，有太多的因素，我们根本无法判断，唯一能够掌握的就是客户的注意力是否集中。

当你注意力不集中时，有人在你面前快速地说话，你会做出怎样的表现呢？特别是在你对他说的事情没有兴趣的时候，你的反应只是敷衍地表示你知道了。如果我们与客户最开始的交流是也这样的，那么，后面交涉的难度就会大大提高。所以，在我们开始交涉时，最重要的目的就是让客户对我们的话题产生兴趣。

因此，在最开始的时候，语速一定不能太快，一定要让客户对我们说的头几句话产生兴趣。当客户对我们的话产生兴趣以后，我们就可以加快语速了。一旦客户进入了状态，注意力开始集中，你再慢条斯理地说话，就会让客户产生不耐烦的感觉。

当客户的脸上露出思索的表情，或者客户向我们咨询问题的时候，我们就需要再次放慢语速。不管是客户露出思索的表情，还是向我们咨询问题，这都说明，客户对我们刚才说的事情没能完全理解。在这个时候，放慢语速，让客户明白我们说的是什么，远比让客户一股脑地接受所有信息更加重要。

话术，是说话的技术，不仅包含语言方面的内容，还有很多关于时间方面的东西。即便是几句完全一样的话，金牌销售员和普通销售员也能说出不同的效果来。

学会“管理”客户的时间

客户的时间非常宝贵。我们想要让客户满意，那就绝对不能浪费客户的时间。但是，我们的时间同样宝贵，如果一味地迁就客户，让客户浪费我们的时间，显然也不是什么好主意。想要节省时间，想要与客户在时间方面达成共识，找到一个平衡点，那就必须学会管理客户的时间。但是，客户并不是我们所能控制的，更别说让客户听从我们的指示和安排。所以，想要管理客户的时间，就免不了在心理上与客户展开一场博弈。

这里我们所说的心理博弈，可不是正面冲突。当我们与客户交流、商谈的时候，尽量不要用语言直接反驳客户，而是要用其他方式让客户明白我们的真实用意。这是心理博弈的大前提。只有满足了这个大前提，我们才能保证接下来的方法都能适用。

想要管理客户的时间，首先要让客户明白，不是客户的每个要求我们都能够满足和做到的。很多销售员在即将谈成订单的时候，会不顾一切地满足客户的要求。这绝对是错误的。当你答应客户种种不合理的要求以后，疲于奔命，浪费的时间可能要超过这一单所能赚取的利润。

例如，客户提出要求，三天之内，货物必须全部到位。当这个要求难以做到，但也不是不可能做到的时候，有些销售员就会咬着牙答应下来。接下来，他几乎所有的时间都要用在联系厂家、催促车间生产上。这样做，不仅破坏了他自己的人际关系，更是浪费了三天的时间，而且，还未必能够顺利地满足客户要求。

当客户提出让我们为难的要求时，不妨详细地告知客户，这一单交易究竟

是一个怎样的流程。你要让客户明白，他的要求有些过分了。当客户能够耐心等待，不再催促的时候，我们就成功地管理了客户的时间。

我们知道客户的时间是宝贵的，但是，也要让客户知道我们的时间同样不是可以随意浪费的。如果不让客户知道我们的时间同样宝贵，那么，客户就会有一种高高在上的心态，就会认为浪费我们的时间是理所应当的。所以，当客户开始频繁地浪费我们的时间时，我们就要做出一定的回应。

例如，在我们与客户谈业务的时候，客户开始频繁地接打电话。这个行为是非常不礼貌的。如果没有什么特殊的事情，客户的这种行为就是忽视了销售人员的时间与他的时间同样宝贵这一问题。所以，在客户接打电话的时候，我们不能无所事事，可以拿出资料进行另一项工作。只有这样，客户才会明白我们也是很忙碌的，时间也不是可以随便浪费的。

如果这样还不奏效，那么，在客户打完电话后，我们也可以打一通电话，安排一些工作，同样浪费客户一点儿时间。只有这样，客户才能更加深刻地意识到自己刚才做错了什么。

如果客户已经浪费了我们的时间，那么，我们就要杜绝下一次。一旦客户形成了习惯，开始不在意销售人员的时间，那么，不仅你的时间被白白浪费了，你还会被客户看轻。

张岩最近被客户王总搞得很是恼火。原来王总非常喜欢迟到，每次约好时间以后，都要张岩等半个小时左右才匆匆赶到。

张岩出于礼貌，每次都对王总说："没关系，我也是刚到。"没想到，王总不仅没有改掉迟到的毛病，反而愈演愈烈，一次比一次到得晚。到最后，王总干脆在商谈的过程中接个电话，说一声"抱歉"就直接走掉了。

张岩是个很少迟到的人。他将自己能够拥有守时这一好习惯归咎于女朋友。他过去也是个没有时间观念的人，但是，当他迟到时，女朋友淡淡的一句"没关系，我也没等多久"让他产生了强烈的愧疚感。女朋友的做法给了张岩不小的启发，能否将这个办法用在客户身上呢？如果让客户产生愧疚感，就能改变客户迟到的毛病。

又到了张岩约见王总的时间了。当王总比约定时间晚了半个小时，并且满不在乎地赶到的时候，发现张岩面前已经放着两个空的咖啡杯了。

张岩看见他的时候，脸上闪过了一丝不耐烦，但是，随即露出笑容，对他说："您来了。"王总马上不好意思地说："抱歉，路上堵车，让你久等了。"张岩依旧保持着微笑，说："没关系，我也没等多久。"

从那天以后，王总就再也没有迟到过。

每个人的时间观念都不一样，但每个人都应该知道浪费他人的时间是不好的。如果客户不明白这一点，我们就要帮助客户"管理"好他们的时间。虽然我们是在帮客户管理时间，但第一受益者却是我们。这是一笔稳赚不赔的买卖。所以，我们在帮客户管理时间的时候，就是在帮助我们自己。

客户进店，销售员赶紧扑上去？错，这是时间的巨大浪费！

你觉得向客户推销的最佳时间是什么时候？是客户表现出购买意向的时候？还是客户需要了解产品的时候？还是客户主动开口询问价格的时候？

总之，不会是客户刚刚进店的时候。在业绩当先的前提下，客户就是宝贵的资源。所以，有很多销售人员在客户进店的第一时间就扑过去。殊不知，这不仅没有什么好处，反而是一种非常浪费时间的行为。

试想，当你撇开销售人员的身份，和朋友一起外出逛街，走进一家服装店。在你刚刚看清店内陈设，还没有正式开始寻找目标的时候，一位导购就冲上来，滔滔不绝地向你推荐产品，或者为你讲述当前店里开展的促销活动，你是什么心情呢？可能原本还有些购买欲，但是，在遭遇这种情况以后，原来的购买欲也许就全部消失了。

我们做销售同样如此。当你看见客户进店就在第一时间扑上去，不仅不会提高你的成交率，反而会降低客户的购买欲。在这种情况下，你想要挽回这个客户

所花费的时间就大大地增加了。所以，我们开始向客户推销的最佳时间绝对不是客户刚刚进店的时候。

那么，究竟什么时候是向客户展开攻势的最佳时间呢?

向客户展开攻势的时间一半由我们决定，另一半则由客户决定。客户需要我们的时候，就是我们展开攻势的最佳时机，而我们要做的则是发现这种需要，甚至是在客户本人都没有发现的时候，帮他们开发出潜在的需求。我们要能够发现客户已经表现出来或者还没表现出来的需求，只有这样才能提高成交率，才能提高我们的效率，节省我们的时间。

想要找到客户产生需求的时间点并不是什么困难的事情。当客户出现以下这几种表现时，就说明我们可以开始发动攻势了。

第一，当客户开始格外注意某件产品的时候。人的心理是十分奇妙的。一件能够吸引你眼球的东西未必是你完全满意的，而这个时候如果有人能够说上几句赞美你的眼光和产品的话，那么，你就会看这件东西越来越顺眼。

当客户开始注意一件产品时，可能还没有想要拿起来看清楚，但如果你能够在旁边说上几句话，夸一夸客户非凡的眼光和这件产品的优点，那么，客户可能就有兴趣拿起产品仔细观看了。而当客户仔细观察产品的时候，不妨为客户详细地讲解一下这件产品，以便激起客户的购买欲。

需要注意的是，如果客户没有主动询问价格，就不要给客户提价格的事情。性价比是一个非常奇妙的词。很多东西在你完全没有了解它的价值之前，如果仅看价格就会让你彻底失去了解它的欲望。而当你彻底地了解它的价值以后，就会发现价格是公道合理的。

所以，当客户没有主动询问价格之前，我们可以对产品进行详细的介绍，而且让客户了解得越多越好。切记，不要马上抛出报价，以免吓跑了尚未完全了解产品价值的客户。

第二，在客户表现出有明确的购买目标时。并不是所有人都是抱着随便逛逛的目的进店的，还有很多人在进店之前就已经有了非常明确的目标。这种顾客往往对产品有一定的了解，但是，这种了解可能并不透彻，甚至带有某种偏见。然而，在客户逐渐了解产品以后，就会做出购买或者马上放弃的决定。

当客户有了明确的目标，但是，最后却放弃的时候，就需要销售人员展开攻势了。有目标，就是有需求。即便对目标产品并不满意，也不可能对所有的产品都不满意。这个时候，销售员只要多为客户介绍一些同类型的产品，满足客户的需求，就能够顺利地成交。

第三，当客户逐渐露出不耐烦的神情时。如果在客户进店的第一时间你就扑上去，那么，让客户不耐烦的对象可能就是你。如果你没有第一时间扑上去，那么，客户此时不耐烦，势必是因为没有找到自己心仪的东西。这个时候，就是销售人员发动攻势的时候了。询问客户有什么需求，为客户介绍需要的东西，这个时候无疑是最佳的选择。

要注意的是，这种时候虽然容易成交，但是，机会往往转瞬即逝。当客户的不耐烦积累到一定程度，准备离开的时候，销售人员是很难将其留下的。如果错过了这个机会，那么，就直接错过了一次成交机会。

客户一进店，销售员就扑上去，这种行为通常是毫无意义的。要客户自己对产品产生兴趣，才能够产生购买欲。但是，你根本不能确定客户什么时间才会产生购买欲。所以从客户进店，到客户产生购买欲，中间的时间是被白白浪费了。所以，我们销售员绝对不要在客户进店的时候就扑上去。

时间对了，事情就顺了

时间管理就是在正确的时间做正确的事情。只有时间和事情都正确了，才能够顺利成交。如果只有事情对了，时间不对，那么，迎来的只能是一场令双方都无比惋惜的错过。所以，我们在做事情的时候一定要选好时间。只有时间对了，事情才能顺利。

正确的时间，这是一个很宽泛的概念。风和日丽的时候，也可以说是正确的时间。遇见好事的时候，也可以说是正确的时间。那么，对于一名合格的销售员来说，究竟怎样判断时间对不对呢?

我们说时间是对的，那么，一定是有利于成交的时间。其中，我们个人的因素，只能占据一小部分。尽管只是一小部分，但是最容易掌握的。我们能够知道，今天自己的身体状况如何，今天的情绪怎样，今天是否能够像往常一样始终面带微笑地与客户交流。如果觉得自己今天状态不佳，硬着头皮与客户交流，那么，只能是浪费时间。

胡悦是一名业绩还不错的销售员。由于他的性格热情大方，总是能够赢得客户的好感，很快就跟客户成为朋友。因此，他的老客户数量远超其他同事。这一天，公司的产品更新换代，他马上给老客户群发了这一信息，第一时间将这个喜讯告诉大家。果然，有几个老客户对新产品格外感兴趣。其中一个甚至还直接打来了电话，约胡悦明天见面详谈。

当客户约见的时候，胡悦的第一想法是拒绝对方。因为产品刚刚更新换代，连他自己都没有摸清楚新产品究竟有哪些优点，哪些新特性。但是，他想着如果明天不赴约的话，其他几位感兴趣的客户也会陆续地约他，那不是浪费时间吗?

于是，他应承了下来。当晚，胡悦花了许多时间来研究新产品的资料，还是只看懂了一个大概。

第二天，客户和胡悦见面的时候，话题自然离不开新产品。但是，胡悦由于对新产品不够了解，几句话之后就开始支支吾吾了，对于客户提出的新产品问题也没能一一解答。直到最后，客户也没弄明白这新产品究竟好在哪里，只感觉跟老产品差不多。于是，客户打消了更新换代的想法。而胡悦始终都没好意思说不是新产品不够好，而是自己没弄清楚新产品到底好在哪里。

显然，胡悦是选择了一个错误的时间与客户见面了。这个错误的时间，是指销售员自身出了问题。当你的业务还不纯熟，没有完全把握产品性能的时候，即便客户拥有强烈的购买欲，迫不及待地约你见面，也不是最好的时候。在错误的时间来见客户，不管客户有多么强烈的购买欲，你也只能将事情搞砸的。

除了我们的时间对不对之外，客户的时间对不对也是非常重要的。天有不测风云，人有旦夕祸福，没有人知道明天究竟会遇到什么。也许今天我们跟客户约好明天见面，而明天客户身上却发生了什么不开心的事情。在这种情况下，强行见面绝对不是一个好的选择。即便客户本人愿意信守承诺，我们也不能选择在这种情况下谈公事。客户情绪不佳，注意力不集中，这个时候很难做出正确的判断。而且，即便是在这种情况下确定下来的事情，事后客户也可能会变卦。

人都有脆弱的时候，一份关心总是能让人感到格外的温暖。当客户状态不佳的时候，我们不妨放下公事，以私人的身份给客户一些安慰，说不定能多一个和客户交朋友的机会。等过了错误的时间，等到正确的时间，这次成交也就变得水到渠成了。

那么，究竟哪些时间算是正确的时间呢？

非工作时间才是正确的时间。这一点我们在之前已经提到过，但要注意的是，每个行业工作的时间都不一样，工作时间长度也不一样。如果你想要在正确的时间约见客户，那么必然要对客户有一定的了解。例如，在下午 4 点钟以后约

见一位餐馆老板，这显然不是正确的时间，因为此时餐馆要迎来一天最忙碌的时候了。如果你在下午 3 点半之前约见一位股民，显然也不会成功，因为股市尚未收盘，客户即便愿意见你，也是心事重重。

在没有意外出现的情况下，约好的时间也是正确的时间。心血来潮地去拜访客户，绝对不是一个好的选择。在客户没有准备的情况下，不熟的客户可能会直接让你吃闭门羹，相熟的客户也会觉得你这个人做事没有分寸。预约是非常重要的，不仅能够给我们留出一些准备的时间，也能给客户留出准备的时间。我们需要给客户整理、准备产品说明等资料，需要思考究竟怎样使用话术才能让客户对产品有兴趣。而客户则要想好有哪些问题需要向销售员咨询，什么质量和价格的产品最适合自己，自己购买产品的预算是多少，是否需要购买性能最好、质量最优的产品，等等。在客户和销售员双方都没有准备的情况下仓促会面，那么，一定谈不出什么结果来，只能白白地浪费时间。

时间对了，事就顺了。我们要想把事情办得顺利，就必须找到正确的时间。不一定非要万事俱备，但也不能仓促行动。

留一点儿时间给客户

在销售过程中，大多数时间里说话的是销售人员，倾听的是客户。如果反过来，说明销售人员失去了主动权，这次就很难成交了。但是，销售人员也不能霸占了所有的时间，也不能让客户一直都在销售人员滔滔不绝的产品介绍中度过。这样做只会适得其反。我们要的是成交，而不是做一次演讲。如果留一点儿时间给客户，就能让成交变得更加顺利，那么，我们为什么不这样做呢？

留一点儿时间给客户，真的能让成交更加顺利吗？当然是可以的。我们可以将话说得天花乱坠，我们可以将产品描述得美轮美奂，但是，再美好的语言，在面对现实与想象的时候，总是显得那么不堪一击。我们没办法将自己想象的画面灌输到客户的脑子里，只能靠客户自己想象。所以，留一点儿时间给客户，也就是给客户一个想象的机会。

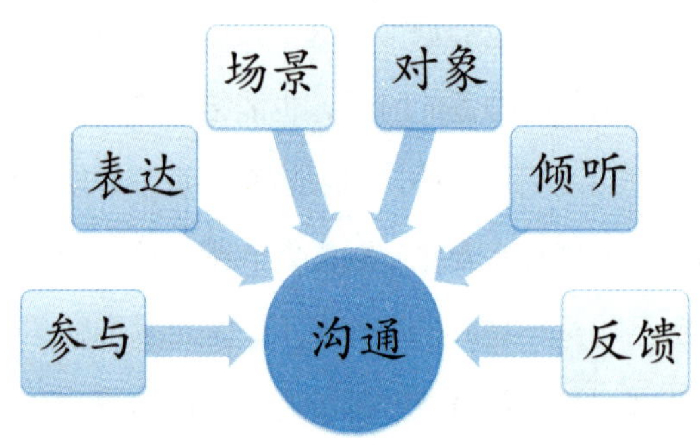

图 3.2 有效沟通的六个要素

在很多时候，我们只能告诉客户产品有什么作用，能达到什么效果，却不能告诉客户产品会对客户的生活产生怎样的影响。每个客户的情况都不同，每个客户对于产品都有自己的想法和理解。这些东西我们无法控制，只能让客户自己去想象和感悟。当你滔滔不绝地介绍产品的时候，就剥夺了客户想象产品会给他的生活带来什么影响的机会。与其霸占全部的时间，不如留一点儿时间给客户想象。有些时候，客户的想象会起到你的语言难以企及的作用。

所以，当我们详细地解说完产品以后，不妨留一点儿时间给客户，让客户自己设想产品会为他的生活带来怎样的变化。如果我们的产品真的足够好，客户真的有需求，那么，成交的速度势必会更快。

电话推销是一种快捷便利的推销方式，不仅节省自己的时间，也节省了客户的时间。但是，客户能够直接获得的信息少了很多，我们能够为客户展示的东西也不多。不少销售人员在进行电话推销的时候，因为怕客户直接挂断电话，会快

速、连续地为客户介绍自己推销的产品。当然，绝大多数时候只能得到一句冷冰冰的不需要。

没能成交的原因有很多，归根结底是我们没有跟客户达成共识。很多销售员都犯过这样的错误，一直到与客户的交流结束，都不知道客户要的究竟是什么。只有我们的产品能够满足客户的需求，这个时候客户才愿意购买我们的产品。如果我们只知道客户有需求，但不知道需求是什么，也就没有办法给客户推荐合适的产品。

所以，当我们推荐产品，客户又表现出缺少兴致的时候，不妨留一点儿时间给客户，让客户告诉我们，他所期待的究竟是什么。如果他不喜欢方形的产品，那么，不妨让客户告诉我们他期待的产品是什么样的，是圆形的，还是三角形的。可能我们推荐的产品客户并不喜欢，但是，客户喜欢的产品说不定我们刚好就有。为什么不能留一点儿时间给客户，让客户说出自己的期待和要求呢？

留一点儿时间给客户，有助于让客户掌握主动权。销售是商业活动，最终的目的是达成双方都满意的双赢。想要达成双赢，并不是一件容易的事情。销售员与客户之间的博弈是无处不在的。特别是语言上的交锋，销售员夸赞自己的商品，想要用更高的价格卖出。而客户呢，则会不断地寻找商品的问题、缺陷，想要以更低的价格买进。最后，只有双方达成共识，才能成交。

那么，怎样才能让客户满意呢？当然是客户觉得自己占了上风的时候。人人都是如此。在一场博弈中，我们只有觉得自己占了上风时，才会认为自己没有吃亏。如果我们在博弈中落了下风，就会觉得成交是吃亏了。因此，我们要让客户有一种占上风的感觉，要让客户有一种掌握主动权的感觉。

在交谈的过程中，究竟是谁掌握了主动权呢？这个需要看究竟是谁在引导话题。但是，从表面上来看，插不上话的那个人绝对不是掌握主动权的人。所以，我们要适当地留一点儿时间让客户说话，让客户表达意见，让客户觉得自己正在掌控谈话的节奏。只有这样，客户才会觉得自己不是被人牵着鼻子走，才会觉得

自己在谈话当中是有主动权的。当客户觉得这场交易是自己在主导的时候，成交的概率就会大大提高。

交流，是一件双方共同完成的事情。如果不留给客户一点儿时间，而是将交流变成销售员一个人展示的舞台，那么，成交就没那么容易了。相反，如果我们给客户留一点儿时间，就会增强客户在交流中的满足感，成交就成为一件手到擒来的事情。所以，不管你有多少话要说，记得给客户留一点儿时间。

幽默时间和严肃时间一定要拎得清

在语言艺术中，幽默是非常重要的一部分。幽默可以拉近人与人之间的距离，可以活跃现场的气氛，可以给人留下良好的印象。作为一名销售人员，不管怎样，总要会一点儿幽默的说话技巧。但是，并不是任何时候、任何场合都适合使用幽默这种技巧，更不能将所有的时间都变成幽默的时间。要分清楚什么时候是幽默时间，什么时候是严肃时间，什么时候该说什么话。只有这样，才能够让客户觉得你是个可靠的人。也只有这样，客户才愿意和你合作，完成一笔交易。

既然幽默可以迅速地拉近人与人之间的距离，那么我们不妨将幽默当成一张名片，当成我们的敲门砖。因此，当我们与客户会面时，第一个幽默时间就是初次见面介绍自己的时候。这时，适当地使用幽默，可以给客户留下一个好印象，告诉客户你是一个机灵的人，是一个有幽默感的人，是一个随和且可以开玩笑的人。如果初次见面就不苟言笑，那么，就会让客户产生一种你很难交流，很难相处的感觉。不仅会让客户对你本人减少兴趣，更会让客户对你产生防备心理。

初次见面可以使用幽默的说话技巧，但也要注意分寸。我们可以拿自己的名字开玩笑，但是，却不能拿自己的姓氏开玩笑。天底下同名的人虽多，但毕竟名

字是可以自己选择的。拿自己的姓氏开玩笑，不仅容易冒犯客户认识的人，还表现出了我们对祖辈的不尊重。我们可以拿自己开玩笑，但不能将身份放得太低。如果你一味地放低身份，那么，以后在客户眼中你的身份也高不起来，很难取得与客户平等谈话的地位。

第二个适合使用幽默的时间是介绍产品的时候。即便我们是销售人员，也不得不承认这个世界上没什么是完美无缺的，我们的产品也是这世界上无数有瑕疵的物品之一。在介绍产品的时候，在客户询问的时候，难免会谈到产品的种种不足。这个时候，适当地使用幽默，可以淡化客户对产品缺点的不良印象，也能化解我们自身的尴尬。

当然，在这个时候，使用幽默技巧，也有需要注意的事情。我们要做的是用幽默来淡化客户对产品不足的注意，而不是加深客户对产品缺点的印象。所以，幽默的方向要找准，切记不能用幽默让客户牢牢地记住了我们的产品有什么缺陷，缺陷到底有多严重。

而第三个可以使用幽默的时间，是向客户介绍产品使用注意事项的时候。很多产品都有严格的使用规范，如果违反了使用规范，轻则损坏产品，重则有人受伤。将这个时间变成幽默时间，能冲淡紧张的气氛，避免整个谈话的基调发生改变。

在这个时候，要注意的事情和之前正好相反。我们要用幽默的方式让客户牢牢地记住注意事项，千万不能忘记。一旦客户因为你的幽默，而忘记了你重点说明的注意事项，那就本末倒置了。

幽默时间固然重要，严肃时间也必不可少。谈话的全程，我们不可能都是在幽默与玩笑中度过，总有一些话题不适合幽默。例如，当客户谈及亲人、朋友的时候，我们并不了解客户的亲人和朋友究竟是什么情况，贸然地开玩笑难免会冒犯客户。

张林和客户李总关系不错。两个人合作了几次，慢慢地成了朋友。两个人都很年轻，又都喜欢足球，一起看球便成了常事。

一次，两个人在看球的时候聊起了学生时代在绿茵场上驰骋的经历。他们纷纷感慨当年一起踢球的小伙伴都不知道去哪儿了。李总更是无限怀念地说，当年他最好的朋友小刚，是一个胖子。小刚最喜欢踢球了。张林开了个玩笑说："多胖啊？那在球场上是人踢球，还是球踢人？"

张林说完这句话以后，李总沉默了许久，改变了话题。从那以后，李总就很少再联系张林。后来，张林才知道，李总的那个朋友已经去世很久了。

在谈及客户的亲人、朋友的时候，我们在摸清情况之前一定要严肃对待。贸然地开玩笑，冒犯了对于客户至关重要的人，会直接破坏我们在客户心中的形象。

而另一个必须严肃的时间，是向客户做出承诺的时间。

销售是一种商业行为，而在商业行为中，最重要的就是诚信，是契约精神。当你向客户做出承诺的时候，一定要严肃起来。而且，签订契约，本身就是一件很严肃的事情。如果这个时候，你还嬉皮笑脸，让客户如何信任你？

即便是口头承诺，做承诺的时候也要严肃起来。在开玩笑的时候，我们可以无限制地答应别人的任何条件，而且，别人也不会当真。但是，在做口头承诺的时候，如果你毫不严肃，客户又如何知道你究竟是真的答应了，还是在开玩笑呢？客户又不会真的拉下来脸来追问你刚才的承诺是不是认真的。那么，客户为了避免风险，只好暂且将成交延后，等确定了这些事情再说。

幽默时间和严肃时间都是非常重要的，都是必不可少的。想要真正使用好语言的艺术，抓住客户的心理，就必须在这两者之间熟练地进行转换。在正确的时间，做正确的事，说正确的话。

第四章

找到每一个“卖点”最合理的抛出时间

卖点，是我们能否顺利地将产品推销给客户的重要因素。好的卖点固然重要，但是，将卖点抛出的时间却更加重要。一滴水，在平日里不会被人重视，但对于沙漠中的人来说，就显得无比可贵。只有将卖点在最合理的时间抛出，才能达到最好的效果。

把所有卖点一股脑抛出去？注定失败！

卖点，是我们吸引客户购买产品的诀窍，是能够成交的关键点之一。只有产品具有足够的卖点，客户才有兴趣购买。如果我们的产品毫无卖点，那么，不管销售人员多么努力，客户也不会购买。作为销售人员，最主要的任务就是将我们产品的卖点详细地告诉客户，让客户产生购买欲。

那么，将所有的卖点一股脑地抛出去，是不是一个好的选择呢？当然不是。如果你把所有的卖点一股脑地丢给客户，那么，成交就与你渐行渐远了。

一个产品要有多少卖点才算合格？这件事情谁都说不清楚。毫无疑问，一个产品绝对不可能只有一个卖点。只有一个卖点的产品，只能是定制产品。不同的卖点，针对的客户群体往往是不同的。即便这款产品拥有很多卖点，在面对一个群体的时候，我们也只需要告知对其最有利的一个即可。

在客户的心中，一款好的、完美的、面面俱到的产品，价格势必要比一款具有针对性的产品高。那么，其他的卖点自己是否需要呢？如果不需要，那么，客户就不愿意为自己用不上的卖点买单。

例如，一位销售人员在为客户介绍笔记本电脑的时候，犯了一股脑抛出所有卖点的错误。他告诉客户，这款笔记本相比其他产品更加轻便，有很多快捷按键，特别适合商务人士。这位客户想要购买笔记本的原因正是商务需求，所以此时对这款笔记本非常满意。

随后，销售人员又表示，这款笔记本的配置也非常强劲，能运行绝大多数的

3D 大型游戏。这个时候，客户就不那么满意了。因为客户并没有使用这款笔记本玩游戏的需求，所谓的强劲配置根本就是不需要的。如果客户买下了这款笔记本，那就要为自己根本用不上的卖点买单。于是，客户放弃了购买这款笔记本电脑的想法。

既然是交易，就难免要考虑得失。为自己不需要的东西买单，这是人们所不愿意接受的。所以，有些时候一些功能单一的产品销量反而更好。那些看似综合能力较强，功能较多的产品往往不能得到市场的青睐。

而且，一股脑地抛出所有的卖点带来的冲击力也是不够的。人类的大脑思考能力是有限的。如果你一股脑地抛出了所有的卖点，客户同时接受了大量的信息，这个时候是很难去详细地理解其中部分卖点的好处的。只要客户没能理解其中一个卖点所带来的好处和作用，那么，这个卖点就没有起到应有的作用。这是一种极大的浪费。因为产品的每个卖点都有重要的意义。

如果我们能够在客户理解了上一个卖点以后，再抛出下一个卖点，那么，这些卖点就能起到应有的作用。这就如同大海的浪潮一样，单次的波浪可能没有那么强大的力量，但一浪接一浪地推过来，就会达到一浪高过一浪的效果。在我们向客户逐个抛出卖点的时候，客户会觉得越到后面这个产品的价值就越高，就越是值得购买。这样，成交也就变得容易了很多。

我们之所以不能将所有卖点一股脑地抛出去，还因为不是所有的卖点都能在当下环境中给客户留下深刻的印象。如果客户愿意给你时间，那么你就有机会将所有的卖点告诉客户。如果客户不想给你那么长的时间，你就没有机会详细地为客户介绍产品所有的卖点。如果只能选择有限的一两个卖点告诉客户，你会选择哪几种呢?

有两个选择是最好的，一个是我们主打的、最重要的卖点，还有一个是最符合当下条件的卖点。第一个胜在稳健，不管什么时间，你周边的环境如何，都能够让客户知道我们产品的优点在哪里。但是，这却不能起到让客户印象深刻、感

同身受的作用。而根据当下条件选择卖点，如果选择正确，就能达到一锤定音的效果。例如，一位客户在家里看到一部超长待机手机的广告，内心肯定是毫无波澜的。如果这位客户不是在家里，而是在公交车、火车上，或者其他公共场合，是不是会有更加深刻的感受，会更加对这部超长待机的手机感兴趣呢？

我们不能一股脑地将所有卖点都抛给客户，这样是对我们时间的巨大浪费。我们花费了时间和口舌抛出的卖点，客户感兴趣并且真正听进去的没有多少。而且有些时候甚至会起到反作用。如果提出的卖点没有引起客户的兴趣，就只能迎接失败了。

在不同的时间段，抛出不同的卖点。卖点不能一股脑地抛出去，不仅客户不能完全地接受你所说的全部内容，而且接下来你有可能陷入无话可说的境地。我们要做的是有技巧地分段抛出卖点。这里的分段，以时间为准是最好的。那么，怎样选择时间段，在什么时候抛出什么样的卖点，就成为我们需要研究的主要问题。

为了更好地分时间段抛出卖点，我们可将整个销售过程分成四个时间段。第一阶段，和客户互相试探的阶段。第二阶段，与客户互相了解的阶段。第三阶段，和客户逐渐熟悉的阶段。第四阶段，附加价值阶段。

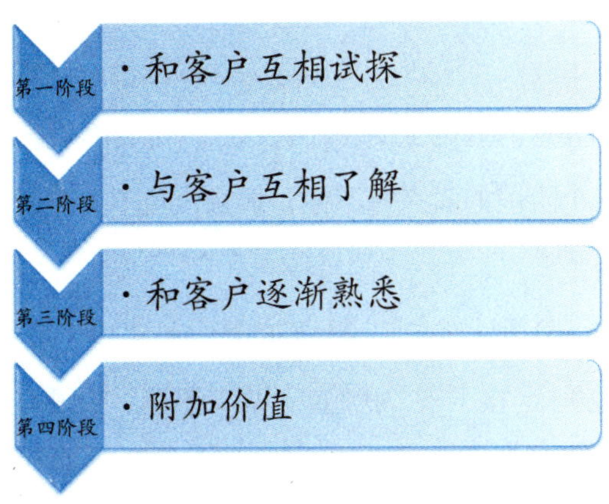

图 4.1　销售的四个阶段

第一阶段，和客户互相试探的阶段。这个阶段我们与客户刚刚结识，对于客户知之甚少。这个时候，我们的主要任务不是将产品销售出去，而是让客户对我们的产品产生兴趣。如果在这一阶段，客户没能对我们的产品产生兴趣，完全没有交流的欲望，那么，也就不会有以下几个阶段了。因此，我们在这一阶段抛出怎样的卖点，决定了之后的几个阶段能否顺利地进行下去。

在这一阶段，我们最好抛出我们产品大众又超越大众的卖点。例如，我们的产品功能和其他同类产品差不多，但是，我们使用了全新的材料，让我们的产品拥有了更好的质量。或者是我们的设计理念和其他产品不同，使用起来更加方便，更加人性化。

这样的卖点既不会踩到客户的雷区，又不会毫无吸引力。如果你的目标客户真的有购买欲的话，就会被你吸引，想要多了解一下产品。此时，就可以进入下个阶段了。

第二阶段，与客户互相了解的阶段。在这个阶段，我们跟客户开始互相了解，我们会知道客户对我们的产品有没有兴趣，而客户则会知道我们的产品主要功能如何。这个阶段，我们要抛出产品的主要卖点，我们的产品究竟有什么功能，到底好在哪里。

在这个阶段，介绍的产品卖点是非常基础而朴实的，但不要觉得这个阶段就不重要。实际上，这个阶段才是所有卖点的基础。其他卖点都是建立在这个卖点能否让客户满意的基础上的。不管这个产品有多么新奇，有多么符合客户的需求，如果这个阶段的卖点靠不住，那么，也不会有任何客户会想要购买产品。

只要我们在这一阶段让客户知道我们的产品是实用、可靠、稳定的，那么，这个阶段就算是成功了。接下来，我们就可以朝着第三阶段前进。

第三阶段，我们与客户逐渐熟悉的阶段。到了这个阶段，相信你已经从之前的交流当中知道了客户的一些基本资料。这些资料可能但不必须包括客户的职

业、年纪、家庭状况以及其他信息。不要小看这些基本资料，拥有了这些资料，我们才能抛出最让客户满意的卖点。

还是拿笔记本电脑做例子，如果客户是商务人士，经常出差，我们自然要强调便携性和超强的续航能力，强调在办公方面能够提供便利。如果客户购置笔记本电脑主要是为了玩游戏，那么，我们就要强调该电脑强劲的配置、酷炫的外观、舒适的手感。如果客户只是用来上网、休闲娱乐，那么，我们就要强调笔记本拥有优秀的音质、出色的上网功能。只有针对不同的客户，抛出不同的卖点，才能让客户真正动心。

这个阶段可以说是一锤定音的阶段。客户往往都是在这个阶段有了成交的想法。在第二阶段的基础上，配合第三阶段的诱惑力，只要你使用的方法得当，那么，已经无限地接近胜利了。

第四阶段，附加价值阶段。这个阶段并不是必要的，很多时候甚至没能走到这一阶段就已经成交了。但是，如果第三阶段之后客户还在犹豫不决，那么，不妨用第四阶段当最后一根稻草。

第四阶段我们主要是利用产品之外附加的东西来吸引客户下单，让客户感觉自己赚了。例如，如果客户愿意购买笔记本电脑，我们会赠送精美的高端鼠标，赠送高清摄像头、键盘膜、内胆包等配件。适当地强调这些赠品的价格，可以让这一阶段变得更加顺利。

不是说客户真的就需要我们的那些赠品，而是因为人人都喜欢赚到的感觉。明明知道我们的赠品可能不值那么多的钱，但毕竟是赠品。第四阶段不是不可或缺的，但当前三个阶段还没让客户下定购买决心的时候，这一阶段往往会收到奇效。

不同的时间段要抛出不同的卖点。不管产品的卖点有多好，如果抛出卖点的时间不对，也不可能达到理想的效果。我们要循序渐进，抓住客户的心理，让我们的卖点真正发挥作用，真正打动客户。

每一个卖点都有一个“引爆点”

我们在进行销售的时候，我们所销售的产品必须有卖点。一个没有卖点的产品，是毫无价值的。我们要将产品的卖点传递给客户，告诉客户产品的价值，客户才有与我们成交的可能。而单纯地堆砌卖点，并不是最好的选择。特别是突然转移话题，仓促地提起我们产品的卖点，这样不仅会让交流的气氛变得尴尬，还会让客户质疑我们的能力。所以，在抛出卖点之前，一定要找到一个“引爆点”。

所谓引爆点，与爆点是不同的。爆点是指那些特别具有吸引力、诱惑力，能够让客户欲罢不能的卖点。而引爆点呢，则是能够让我们不着痕迹地将产品卖点抛出，引导客户了解我们产品卖点的时间节点。

如果卖点没有引爆点，是否可行呢？当然也是可以的。但是，这个时候的谈话难免会陷入一种公事公办的状况。一个引爆点，可以让谈话变得更加自然。而且，为卖点找一个引爆点还有一个极大的好处，那就是让产品显得更加实用。

在缺少引爆点的时候，我们介绍产品的卖点是在虚拟环境下，是在我们的假设条件下。这种情况究竟会不会发生，客户到底需要不需要我们的产品，这些都是没办法证明的。但如果能够找到一个引爆点，那么，客户马上就能明白使用我们的产品会有哪些好处。

可惜，引爆点并不是那么容易找到的。当没有适当的引爆点时，我们只能人为地创造引爆点。虽然这不如天然的引爆点来得自然，但胜在可控。有以下几种制造引爆点的方式，可以在与客户交流的时候使用。

第一种，语言引导法。平日在生活中，只要你注意观察，就一定能够找到很

多潜在客户。这个时候你在暗，客户在明，客户并不知道你的身份。找到机会主动攀谈，将话题引向你所销售的产品，就很容易找到引爆点。

小颖是一家保健品公司的销售员。一天早上，她像往常一样乘公交车上班。路过了几个车站后，上来一个年纪较大的阿姨。小颖赶紧站起来让座，随后就和阿姨攀谈起来。几句话之后，小颖得知了阿姨的一些基本信息。阿姨是早上出来锻炼的，顺便去市场买点儿菜再回家。阿姨的老伴没了，她现在和儿子一起生活。儿子、儿媳对她很好，但是他们工作很忙。阿姨每天忙于料理琐碎的家务。

在聊天的过程中，小颖观察到阿姨的坐姿似乎有些不正常。她马上就运用自己的专业知识判断出阿姨有腰疼病。于是，她将话题引向了自己的父母。在交谈的过程中，小颖提到自己的父母有腰疼病，但是，她工作太忙了，还要父母帮忙料理家务。对此，她深感惭愧。不过，她最近给父母买了一款保健品，父母吃完以后腰疼有了一定的改善。也许他们长期服用，就能治好腰疼病。

阿姨听了小颖的话，马上就来了兴趣。最后，小颖才告诉阿姨，那款保健品就是她们公司的产品。下车前她还跟阿姨交换了联系方式。果然，几天以后小颖打电话给阿姨的时候，对方就表示出了想要购买一些保健品试用一下的意愿。就这样，小颖利用卖点的引爆点顺利地谈成了一单生意。

第二种，现场展示法。事实胜于雄辩，只有真实地展示出产品的实力，并且让客户看见，客户才能更加感兴趣。你也可以将这个机会作为引爆点，抛出你的卖点，一举捕获客户的需求。

现场展示法非常实用。特别是不少销售人员的爱好都与其工作息息相关，如果能够加以利用，那么，展示卖点时就更加有说服力了。

一家渔具公司的销售员小李加入了钓鱼俱乐部。有一次，小李参加俱乐部组织的钓鱼活动，而且取得了不错的成绩。不少参加活动的人都向小李取经。于是，小李就开始利用自己的专业知识讲述在什么情况下应该使用什么钓具，随后又散发名片给对钓具有兴趣的人。果然，没多久就有许多人主动找到他，向他购买钓具。

空口无凭，如果能够现场展示产品，其效果一定比只用嘴巴说更加直观有效。我们想要说服客户，想要为产品的卖点找到一个引爆点，那就要找到这个现场展示的机会。一旦我们的产品展现出了它的实力，那么，自然就会有客户对产品有兴趣，你也就有了将卖点抛出的机会。

第三，环境暗示法。世界上每年都会有大量的新发明、新发现，这些东西想要走进市场可不是一件容易的事情。我们想要说服客户购买产品，客户的需求是非常重要的。因此，当你介绍一件客户从来都不知道的新东西时，客户自然也不知道自己有这样的需求。如果我们能够带领客户到一个能让他意识到有这种需求的环境中，就能顺利地抛出产品的卖点了。

有好的卖点固然重要，但是，好的引爆点能够让卖点发挥最大的作用。在合适的时间，找到一个合适的引爆点，随后再抛出卖点，效果绝对远超直截了当地将卖点塞给客户。我们要有技巧地寻找引爆点。只有这样，才能让卖点发挥最大的作用，才能保证不浪费我们的卖点与时间。

在决胜时间抛出决胜卖点

抛出卖点要循序渐进，按部就班固然安全，但并不适合所有的情况。很多时候，客户不会给我们一步步执行计划的机会，甚至会打乱你制定好的步骤，直接来到决胜时间。这种情况并不好。当客户提前来到决胜时间的时候，说明客户没有足够的购买欲，或者没有足够的兴趣。如果这个时候你还想着按照步骤一点点来，那么，客户就会失去最后的耐心。为了更好地应对提前到来的决胜时间，我们必须有一个决胜卖点。

决胜卖点，就是我们产品最吸引人的地方。决胜卖点可以是其他同类产品不具备的功能，也可以是超过其他同类产品的质量，甚至是业内最好的服务水平，还可以是其他具有特色，一定会引起客户兴趣的东西。只要我们有了决胜卖点，有了底牌，那么，就有了挽回客户的机会。

选好自己的底牌并不难，甚至不少销售人员在没有经验的时候就知道哪个卖点最能吸引客户的注意，最能引起客户的兴趣。真正的难点在于，决胜时间什么时候到来，我们怎样预测并利用好决胜时间。很多销售员在与客户交流的时候，没有注意到客户早已失去了兴趣。等到交流戛然而止，客户离开的时候，他们才恍然大悟。但这个时候已经晚了，机会很难再找回来了。为了避免这种情况，我们要能够敏锐地察觉决胜时间的到来。

在我们开始寻找决胜时间的时候，首先要明白一点，就是我们的决胜时间并不是客户的决胜时间。之所以称为决胜时间，是因为我们如果错过了这个时间，没有察觉到这个时间，那么我们就失去了胜利的机会。而对于客户来说，这个时间一定是不愉快的。如果这是一段愉快的时间，客户也就不会有失去兴趣的情况了。所以，寻找决胜时间，要从客户身上着手。

当客户的话越来越少，沉默的时间越来越长，并且经常露出思索的表情时，这就说明决胜时间来了。

如果客户在集中注意力听你讲解产品，那么就一定不会觉得无聊。此时，双方是有来言去语的。如果客户不说话，开始沉默，那就说明客户的注意力已经不在你的身上了。别看客户脸上带着思索的表情，实际上他可能早已经神游天外，或者准备找个借口打发你也是极有可能的。在这个时候，我们一定要迅速地抛出我们的决胜卖点，重新引起客户的兴趣。不然的话要不了多久，客户就要下逐客令了。

客户一直盯着你，脸上不时地露出轻笑的时候，请你马上用产品的决胜卖点来赢得客户的信任。

销售人员夸耀自己的产品是一件非常正常的事情，但是客户往往对产品的认知还停留在过去。如果客户曾使用过同类产品，并且没有达到想要的效果时，就会对购买和使用此类产品格外谨慎。在你夸耀自己产品的时候，客户脸上的笑容不是赞同你，而是讽刺。此刻在客户的心中，你的形象不是一个金牌销售员，而是个吹牛大王。客户愿意静静地看你吹牛，但这种情况却不可能持续下去。如果不能马上抛出你的决胜卖点，当你彻底地失去客户信任的时候，你就没有机会了。

当客户不时地变换坐姿，不断地调整位置的时候，说明客户已经对你没有耐心了，请尽快抛出你的决胜卖点。

每个人都有自己的舒适区，都有让自己舒服的姿势。我们与客户谈话的时候，不管是我们还是客户，都会选择一个舒适的坐姿，用来度过谈话时间。随着时间的推移，我们的坐姿也会发生变化，毕竟长时间保持一个坐姿身体会不舒服。但是，当你发现客户频繁地变化坐姿的时候，情况就不一样了。没有人会因为坐着不舒服而频繁地变换坐姿，除非他刚刚坐下。当客户频繁地变换坐姿的时候，就说明客户已经对你不耐烦了。你没有在客户给你的时间里打动客户，而客户也觉得不该给你更多的时间，甚至可能已经准备结束这次谈话。

这个时候，就是我们抛出决胜卖点的时候。只要产品的决胜卖点足够吸引人，那么就能让客户再给你多一点的时间和耐心，继续听你讲下去。

在适当的时候抛出适当的卖点，这原本应该是我们在理想的状态下计划之中的情况。但并不是每一次见客户我们都能准备得十分充足，都能表现得十分完美。一旦我们发现今天客户不在状况，就要特别留意客户的表现。一旦客户的表现告诉我们决胜时间来了，那么就请你马上抛出准备好的应急措施——决胜卖点，否则，就只好与客户下次再见了。

卖点策划与时间管理

卖点，是产品最能打动人的地方。没有什么产品从设计到生产都全无卖点，这是不合理的。既然产品有卖点，为什么销售人员还会担心成交这件事情呢？只要你的产品是好的，那么总有些卖点能够打动客户吧？其实并非如此。一个故事，由两个人来讲，就有两种效果。同一个卖点，两个销售员不同的表现方式，也会给客户留下不同的印象。既然人们将销售员分成普通销售员和金牌销售员，就说明两者在把卖点呈现给客户的能力上是有差别的。特别是在卖点本身相同的情况下，销售员所具有的卖点策划能力对能否成交有着巨大的影响。

那么，怎样的卖点是策划出来的好卖点呢？

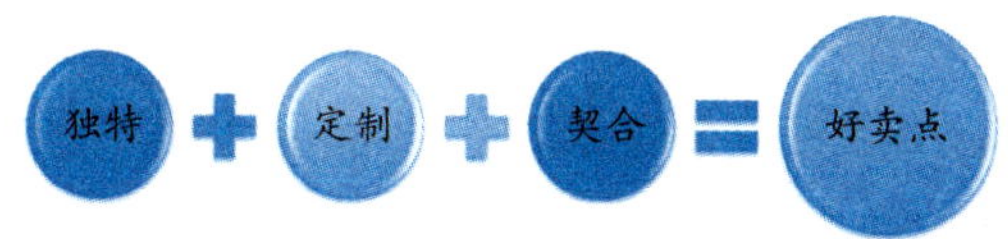

图 4.2 好卖点的构成要素

首先，精心策划的卖点必须是独特的。所谓独特，也就是与众不同，能够让我们的产品从同类产品中脱颖而出的因素。如果这个卖点非常平庸，普普通通，那么我们还有什么好策划的呢？想要策划一个好的卖点，首先这个卖点本身的底子要好。只有这样的卖点才值得我们去策划，否则只是浪费时间。

其次，卖点必须结合客户情况进行策划，才能有利于成交。量身定制的东西才是最合适的东西，卖点也是如此。当我们想让一个卖点能在第一时间打动客户时，卖点首先必须贴合客户的情况。不管你的卖点策划得多么巧妙，多么有创造力，如果与客户情况不贴合，客户只会有看热闹的感觉，不会有购买产品的欲望。

最后，卖点要与会见客户当天的状况相吻合。不同的状况要有不同的应对方式，不同的环境也应该用不同的手段向客户展示卖点。在合适的环境下，恰当地展示卖点更能让客户对我们的产品动心。但是，环境等因素变量较大，很有可能策划好的卖点会因为环境的突然变化而变得不再那么精妙。所以，我们要灵活应对，要多准备几种方案。晴天有晴天的卖点，阴天有阴天的卖点。只有做好了充足的准备，我们策划的卖点才能真正发挥作用。

现在我们知道了，什么样的卖点值得策划，策划出怎样的卖点才算是好卖点。但是，我们更要记住，策划卖点本身就是与时间管理密不可分的。

策划卖点，本身就是进行时间投资。只有我们策划好了卖点，才能快速地与客户达成共识，才能促成交易。一旦投资成功，那么我们将节省大量的时间。既然是投资，那么切记不可操之过急。在策划卖点之前，我们销售员不能仅仅只从自己的角度出发，而忽略了客户方面的问题。

磨刀不误砍柴工，既然已经要做投资了，那么不妨投资多一点，尽量做到万无一失。如果我们能够在策划卖点之前多搜集客户的一些资料，探查一下约见地点周边的环境，那么我们所策划的卖点就会尽善尽美。虽然我们花费了时间，但是保证了订单较高的成功率。只要能与客户成交，我们的时间投资就一定能够赚到。

很多销售员并不理解，提前策划卖点还要做大量的准备，即便最后成交了，好像也没有比平时节省太多的时间。其实，我们所策划的卖点除了为客户量身定制之外，大多数都是可以重复使用的。有些金牌销售员甚至将自己为一件产品策划的卖点分门别类，整理成册。如果遇到相似的客户、相似的环境、相似的时机，那么，就可以简单地套用。到时候你只要掌控好节奏，只要不出太大的变

故，这就是一次没有花费策划时间的完美成交。

你为产品策划的卖点，经过多次的使用和不断地调整、完善，会逐渐成为你销售环节中重要的组成部分。或许你第一次使用策划好的卖点时很不熟练，但随着次数的增加，你的熟练度也会逐渐增加。到时候，你将卖点抛给客户时，就能够表现得无比自然，整个过程也会非常流畅。这个时候，你能节约的时间就更多了。

卖点策划和时间管理是相辅相成的关系。良好的时间管理习惯能够让你的卖点策划更加顺利。而卖点策划的成功则能让你的时间管理更加高效。所以，在做卖点策划的时候，切记不要不顾一切、花费大量的时间去进行一个卖点的宣传。从性价比上来说，这是得不偿失的。

第五章

别让客户浪费你的时间——客户给你的永远是借口，而不是时间

迁就客户，是一件合情合理的事情。但是，一味地迁就客户，浪费自己的时间，那就显得有点儿笨了。有些时候，客户给了你希望，却只是因为不想给你时间而找的借口。我们只有跳过客户的时间陷阱，才能让自己的时间不被浪费。

你和客户到底谁更着急?

签单就像结婚，有时候不是时机未到，而是欠缺些许冲动的火候。这个时候，如果你能把握时机，恰当地“推”上一把，那么这笔交易就水到渠成了。但是，如果没有这股力量，而是双方都不温不火地耗着，那么时间越长，这笔交易的成功概率就会越低。如此一来，在这个过程中，销售人员所投入的时间与精力就只能白白浪费了。

在销售过程中，我们常常会碰到这样的情况：明明已经把产品的相关信息和服务内容向客户进行了详细的讲解，对方也没有在价格或质量方面提出任何不满，但偏偏就是卡在签单的时间问题上。客户始终在犹豫徘徊。

许多没有经验的销售人员在碰到这种情况时，往往会体贴地留出时间来让客户思考。他们以为只要给予客户足够的体贴与尊重，客户就会在下定决心之后签下订单。然而，结果往往事与愿违，订单通常会在拖延中不了了之。

其实，在客户对购买某件产品表现出犹豫不决时，就说明他心中已经产生了购买欲望，只不过这种欲望还不够强烈，不足以让客户果断地签下订单。而且在产生购买欲望之初，客户往往还没有真正想清楚自己的需求，甚至心里还存有货比三家的想法，所以往往不会急于决定。这种时候，如果销售人员“体贴”地给客户留出思考的空间和选择的机会，那么随着时间的延长，客户的购买兴趣和欲望就会逐渐熄灭，这笔交易自然也就不了了之了。相反，如果销售人员能在这种时候把握机会，“推”客户一把，让客户的购买欲望升温，那么此时是很有可能

一举拿下订单的。

要知道，在销售活动中，销售人员和客户的关系并不对等。客户可以耗费大量的时间来选择商品，思考究竟是否购买该产品。即便最终交易不成立，客户也不会有什么太大的损失。但对于销售人员来说，销售活动中耗费掉的每一分钟，都是他们的“成本”。时间耗得越久，就意味着他们在这笔交易上投入的成本越高。如果最终交易失败，那么他们所付出的时间成本就是亏损的。所以，在销售活动中，客户可以气定神闲地耗时间，销售人员却不能放任自己的时间白白浪费。

要想生意不亏损，销售人员就必须想办法扭转双方的地位，在与客户沟通的过程中掌握主动权，通过一步步地引导，使客户的购买需求升温，并在关键时刻“推”客户一把，促成交易。

那么，究竟应该怎么做，才能使客户的购买需求升温呢?

第一，探询客户犹豫的原因。客户犹豫不决，那必定是有原因的，可能是对价格不甚满意，可能是觉得产品的吸引力不够，也可能是存在某些顾虑。想要促成交易，我们就必须探明导致客户犹豫不决的真正理由，然后对症下药。也只有了解客户真正的想法，我们才能在之后的销售活动中有针对性地引导客户购买。

第二，针对客户的需求。在探明客户犹豫不决的原因之后，接下来就该全面了解客户的需求了。销售人员要尽可能地了解客户的情况。只有对客户现状了解得越全面、越深入、越透彻，销售人员才能更准确地了解客户的期望和不满，从而了解客户购买产品的核心需求。

第三，放大困扰客户的痛苦。通常来说，客户的购买欲望和购买行为，是源自于对现状某些方面的不满，因而才会希望能拥有某件产品，来消除自己在工作或生活中的不满。销售人员要把握好这一点，找到困扰客户的痛苦根源，并在对方发出不满和牢骚的时候“添油加醋”一番，将困扰客户的痛苦不断放大，刺激

客户做出购买决策。

第四，阐明购买产品带来的好处。在放大困扰客户的痛苦之后，销售人员就该趁热打铁，趁机向客户阐明购买产品的种种好处。在适当的引导下，让客户形成这样一种认知，即只要购买该产品，就能解决困扰自己的痛苦。一旦这种认知在客户的潜意识中生根发芽，客户的购买欲望就会升温。

第五，升温客户的需求。虽然客户的购买欲望正在逐渐升温，但只要交易还未成功，销售人员就不能有片刻的松懈。此时，正是销售人员施加“压力”，“推”客户一把的关键时刻。在这种时候，销售人员不妨加大力度，再次向客户强调产品的好处，以及眼下购买产品可以享受的优惠等，促使他们尽快做出购买决定。

第六，争取后续的跟踪服务。经过以上种种努力之后，如果销售人员还是不能说服客户做出最终的购买决定，那么不妨留下客户的联系方式，争取后续的跟踪服务。

做完这些事情之后，无论交易成功与否，销售人员都应该转移目标，寻找下一位目标客户了。要知道，我们所耗费的每一分钟，都是实实在在的成本，即便最终不能变现，那也要做到及时止损。更何况，做完这些事情之后，实际上我们也已经尽了最大的努力，交易的成败已经不是我们主观意愿所能控制的了。此时，若无法成交，与其继续浪费时间和客户耗下去，倒不如及时止损，寻找新的目标、新的出路。

甄别客户，“闲逛”还是“购买”

在销售活动中，为避免浪费自己的时间，经验丰富的销售人员在与客户接触时，往往会先在心里做一番甄别，判断客户是有“购买”需求，还是只打算“闲逛”。对于前者，销售人员自然会投入更多的关注；而对于后者，则只要做到服务礼貌周到即可。

销售人员的精力和时间都是有限的，不可能分给每一位客户。因此，只有学会对客户进行甄别，将有限的时间与精力主要投放在最有购买欲望、最有可能达成交易的重点客户身上，我们的销售活动才有可能创造最大的收益。

有人可能会讲，这人心隔肚皮，你怎么知道别人心里在想什么呢？确实，销售员不是神仙，不可能像小说、电视里的超人那样直接听到对方内心的独白。但是只要能够细心观察客户的神态和举止，销售人员就可以大致甄别出客户内心的想法，了解他们究竟是否真的有购买欲望和购买需求。

安迪是某品牌时尚礼服区的销售员。相比其他常规服装区，礼服区通常会冷清一些，而且大部分顾客都只是抱着“逛一逛”的心态来的，真正掏钱购买礼服的并不是很多。当然，礼服属于高档商品，价钱不便宜，销售员能拿到的提成也比较高。

每次有顾客进店，店里的销售员们都会忙着迎上去，生怕别人抢了自己的提成。但安迪不同，她总会先暗自观摩一下顾客们的举止神态，然后再根据自己的判断上前为选定的顾客服务。令人惊讶的是，安迪的成交率也是所有销售员中最高的，就仿佛她能听到别人的心里话，或者预知谁会掏钱购买礼服似的。

有一次，有几位顾客先后进入店里，有穿着时尚的年轻姑娘，有浑身名牌的阔太太，还有一位打扮朴素、带着女儿的中年妇女。安迪迅速地观察了一番几位顾客的神情后，便毫不犹豫地走向了那位中年妇女。

结果不出安迪所料，那位年轻姑娘和阔太太虽然一直在看礼服，却丝毫没有流露出想买礼服的意愿。反而是那位中年妇女，在让女儿试了几条裙子后，就非常爽快地选了一条，迅速地买单。

事后，同事们都很好奇地询问安迪，究竟是如何知道那位中年妇女最终会给女儿买礼服的。安迪笑道："其实只要用心观察，洞悉顾客表象下的真实心态就可以了。就说今天那位带着女儿来的女士吧。她一进店目光多数时间集中在了同一类商品上，那就是礼服。她也没有像其他客人那样漫无目的地四处溜达，而是一直在时尚款礼服的区域走动。由此可见，这位顾客应当是有着明确的购买需求，而且很可能是为她的女儿购买。"

做销售，不仅是向客户介绍产品的信息，更重要的一点是为客户找到适合他们的产品，并说服客户购买。只要客户有购买需求和购买欲望，销售员就有机会去做成这笔买卖。而最终的成败主要取决于销售员个人的推销能力。但假如客户本身就没有购买需求和购买欲望，只是抱着"逛一逛"的心态，那么销售员是很难攻破对方心防的。

所以，在展开销售活动之前，如果能像安迪那样，对客户进行简单的甄别，将主要注意力放在那些真正有购买需求和购买欲望的客户身上，那么我们在销售活动中的交易成功率必然能够大幅度地提高，同时也避免了大部分时间成本的浪费。

探寻客户购买需求和购买欲望的方法多种多样。在这里，我们主要讲一个方面，即通过客户的目光来进行甄别，判断其是否属于潜在客户。这也是安迪所运用的甄别方法。

一般来说，当客户进入商店之后，不管是否有购买需求，都会先东张西望一番，以便对店里的商品有一个大概的认识，从而确认自己感兴趣的商品在什么位置。当然，也有一些对商店已经了如指掌的熟客，他们根本不需要张望就直奔自己的目标区域。对于这类客户，我们也就没有必要去分辨了。

那么，如果每位客户进入商店之后都会四处张望，我们又怎么通过目光来判断他们是否具有购买需求呢？其实，虽然客户都在张望，但张望时的特征是明显不同的。只要抓住这些特征，我们就能迅速地做出判断。

第一，观察客户的目光是否有明显的焦点，以此来判断其是否具有明确的购买需求。

有目的地寻找，还是无目的地四处张望，这其实是很容易就能分辨出来的。如果是有目的地寻找，那么在张望时，人们的目光必然会有停顿的过程，因为他们需要判断所看到的东西是不是自己的目标。

但如果客户是没有目的地四处张望，其目光在张望过程中就不会有这样明显的停顿。他们的目光通常会随意地转动，而不是聚焦于某件商品或者某个区域。如果你发现进入店铺的顾客是这种情况，那么你基本上可以考虑放弃这名顾客了，只要对其保持礼貌，做好基础的接待服务即可。

第二，与客户沟通时，注意客户的眼神和动作，以此来判断其是否具有购买意愿。

如果觉得仅仅是通过张望的目光还不能轻易地对客户做出判断的话，那么在进一步接触时，我们同样可以通过对方的眼神和动作来进一步确认其究竟是否有购买意向。

比如，当你向顾客介绍某种你认为他可能会感兴趣的商品时，如果他直视你的目光，并且认真地听你介绍，那么说明他对你的介绍确实是感兴趣的，对这件商品也的确存在一些购买的意向。但是，在你介绍产品的时候，如果他的目光一直低垂，没有直视你，那么即便他对这件商品确实存在一些兴趣，这点兴趣也并不足以促使他产生购买的欲望。但假如在你介绍商品的时候，他的目光

还一直在左右扫视，表现得三心二意，那么基本上可以确定他的内心根本没有购买的意向和打算了。对于这类顾客，销售人员还是不要在他们身上浪费时间为好。

主动出击，从细节上寻求突破

被动的等待是永远等不来订单的。要签单，我们就得主动出击，突破客户的心防。做销售需要的不仅仅是商业头脑，更需要懂得体察人心，学会从细节入手，抓住看似微小的关键点。要知道，很多时候，即便是一些微妙的细节，只要运用得当，也能够影响整个大局的走向。

美国有一位非常有名的销售员。他每次去拜访客户的时候，都会耍一个小花招——主动向客户讨一杯水喝。

别看销售员的这一行为似乎是无关紧要，却让他从大部分客户手上赢得了“一杯水的时间”。毕竟只是讨一杯水而已，对于这个小小的请求，大多数人都不会拒绝。而其他销售员呢？在他喝水的这段时间里早已经被客户拒之门外了。

一杯水的时间没有多长，但足以让销售员和客户搭上话了。从客户家里的装修问题，不知不觉地谈到了销售员推销的产品，最终水到渠成地签下订单，促成交易。整个过程可以说是自然而然，顺理成章。可谁又能想到，最初的突破点仅仅是一杯水呢？

讨一杯水喝，其实讨的是一个不被拒绝的机会。在销售过程中，对于销售员来说，最难的不是说服客户购买你的产品，而是从客户手上争取到一个说服他的机会。对销售员十分提防的客户就像是一颗完整的鸡蛋，滑溜溜的，让销售员难以攻克。虽然徒手捏爆一颗完整的鸡蛋是非常困难的，但只要这颗鸡蛋上出现哪怕一个小小的裂缝，那么再捏爆它就变得十分容易了。

人的心理其实是很微妙的。在面对一些举手之劳的简单请求时，绝大多数人都不会拒绝。所以当销售人员向客户“讨一杯水喝”的时候，大多数客户都会满足这一要求。但与此同时，人又都存在一种害怕失去的心理，当客户满足了销售人员的请求，给出这杯水的时候，就仿佛做了一笔投资，即便这笔投资仅仅是一杯水，客户的潜意识里也仍旧会害怕失去这笔投资，于是在无形之中，客户对销售人员的容忍度便会开始扩大。

此外，从心理学的角度来说，当客户给了销售人员一杯水之后，便很容易产生一种错觉，即自己对销售人员有好感，才会给他水喝。一旦这种印象形成，那么为了保持心理的一致性，只要销售人员不做出可能引起客户反感的举动，那么客户就会继续保持这种好感。

在当下看来，这样由一杯水引起的种种心理变化其实是非常微小的。但从长远来说，正是这些微小的变化帮销售人员开了一个很好的头，并且只要逐渐累积下去，这些微小的变化终将会引起翻天覆地的改变，甚至成为在关键时刻促成客户完成交易的重要“推手”。

也有一些销售人员对细节并不那么重视。他们在主动出击，与客户接洽的时候，往往会采取先声夺人的策略，一上来就“放大招”，试图以这种方式来吸引客户，为自己争取更多的机会。但事实上，这种策略往往适得其反。你的“大招”很可能会引起客户的警惕，甚至敌意，从而彻底丧失签单的可能。

客户与销售人员之间的关系是十分微妙的。在建立合作之前，双方之间更像是在打一场攻防战。但与此同时，双方的利益点又都是一致的。这就意味着销售人员和客户在展开博弈的同时，又有着不可分割的合作关系，彼此之间是相互影响的。

某公司的老板在得知“讨一杯水喝”的故事后，便突发奇想，让手下的销售人员依葫芦画瓢，在推销前向客户讨一杯饮料喝。结果没想到，这不

仅没能帮助销售人员提升业绩，反而让他们的业绩一路下跌。这又是怎么回事呢？

其实，导致这一情况的问题恰恰就出在“饮料”上。对于客户来说，一杯白水就是举手之劳，白水属于每个家庭的基本配备。但饮料就不一样了，它属于“水”的升级版，已经超过了举手之劳的范畴。

之前说过，当客户拿出一杯白水给销售员的时候，这杯白水在客户心里其实就是一笔投资。既然是投资，当然希望获得比投入更多的回报。当白水变成饮料之后，对客户来说，就相当于加大了投资数额，相应的，客户就希望获得更多的回报，对销售员的要求自然也就更高了。这就无形之中增加了销售的难度。

这就是为什么白水换成饮料之后，销售人员的业绩不升反跌的缘故。可见，细节虽然微小，但对于全局的影响却是不可估量的。所以说，从细节入手，在细节方面寻求突破，往往可能给我们带来意想不到的效果。

那么，在销售活动中，有哪些细节可以帮助销售人员迅速地突破客户心防，获得客户好感呢？

第一，衣品向客户看齐。俗话说：“物以类聚，人以群分。”人们对和自己相似的人通常是比较容易产生亲近感的，而对于初次见面的人来说，最能彰显个性的无疑就是穿着打扮。所以，如果你已经确定自己将要接洽的客户是谁，那么就尽可能去模仿客户的穿衣风格，让客户在看到你的第一时间就产生亲近感。

如果你并不确定自己将要面对的客户是谁，那么在穿着方面就要“有弹性”。比如，可以在套装里面穿针织衫。这样当你见到客户的时候，如果对方穿着比较正式，那么你的套装也不会显得突兀。如果对方穿着较为休闲，你也可以脱下西装外套，以拉近彼此的距离。

第二，永远比客户迟挂电话。无论何时，一定要记住让客户先挂电话，这是每一个销售人员都应当遵循的职业准则。

要记住，客户至上，这不仅是嘴上的口号，更是每个销售人员应当时刻牢记的准则，并且，应当将这一准则渗透于销售活动的每一个细节中。此外，在某些特殊情况下，需要你先挂电话时，如果你使用的是座机，最好先用手把电话挂断，之后再将听筒放回，以免不小心用力过猛，导致听筒放下时发出过大的声音，致使对方产生不必要的揣测。

第三，把“我”换成“我们”。在和客户沟通时，尽量不要说“我”，而是说“我们”，这样不仅体现了销售人员的谦逊，更能在潜移默化间拉近与客户的距离，让客户产生“我们是同一个阵营”的印象。这对之后的洽谈是有很大好处的。

请记住，转机往往就藏在细节里。注重细节，常常能为我们带来意想不到的好运气。

人无高低之分，客户有急缓之别

在销售活动中，如果你试图将自己所有的精力和努力都平均分配给每一位客户，力求方方面面都做到公平公正，那是非常不可取的。

要知道，在你的销售活动中，有 80% 的利润其实都是由那 20% 的重要客户创造的。他们就如同客户中的 VIP，你必须牢牢地抓住他们，将有限的精力优先投放在他们身上，才能让你的销售活动取得事半功倍的效果。

有人可能会说：“这样会不会显得我们太过功利？”其实，我们做销售，最终目的就是营利，从本质上来说，我们追求的就是功利。再者，从人格上来说，对每一位客户，我们都应当给予同样的尊重，这和我们为不同的客户提供不同的服务并没有什么冲突。

人无高低之分，但客户却是有急缓之别的。就像现在各种店铺都流行办的

会员卡，往往都会根据客户的消费情况分为黑卡、金卡、银卡等不同的档次，每个档次所对应的优惠和服务也会有所不同。就连在银行或证券所开户，也同样有 VIP 和普通户主的差别。

其实这也是营销手段的一种。试想，如果每一位客户，不管花费多少，都享有同样的待遇，没有任何差别，那么，久而久之，花费多的客户心里必然会滋生不满。而且，从某种程度上来说，区别对待客户，也能从侧面来刺激客户消费。

区别对待客户除了是一种营销手段之外，其实也是一种维系重要客户品牌忠诚度的有效手段。举个例子，当一位客户打算购买某款产品的时候，发现很多品牌都有这款产品，恰好他拥有某个品牌的 VIP 会员卡，能够享受更多的优惠和更好的服务，那么，他很可能会购买该品牌的这款产品。甚至当身边的人想购买该产品时，他也会向其推荐该品牌。这样一来，除了维系客户的忠诚度之外，还能通过客户的推荐，与更多的潜在客户建立联系。而推动这一切的，恰恰正是一张可以让不同客户享受不同档次服务的“VIP 会员卡”。

有一个法则叫作“二八法则”，又称 80/20 法则，是意大利经济学家帕累托发现的。他认为，在任何一组东西里，最重要的往往只占大约 20%，另外的 80% 尽管是大多数，但其重要性却都是次要的。

将这一法则套用在销售上，可以得到这样一个结果：80% 的利润来自 20% 的老客户。这一黄金法则已经得到了众多企业的验证。因此，在销售活动中，我们必须牢牢地抓住这最重要的 20% 的老客户，他们为我们实现的创收要远远高于其他 80% 的客户。

其实，这件事很公平。每位客户在销售中的贡献利润都是不同的，而我们给客户提供的服务实际上也属于产品的一部分，因此，贡献利润高的客户所能够获得的服务自然也就应该高于贡献利润低的客户所能获得的服务。这是一件非常公正的事情。所谓“一分钱买一分货”讲的就是这个道理。

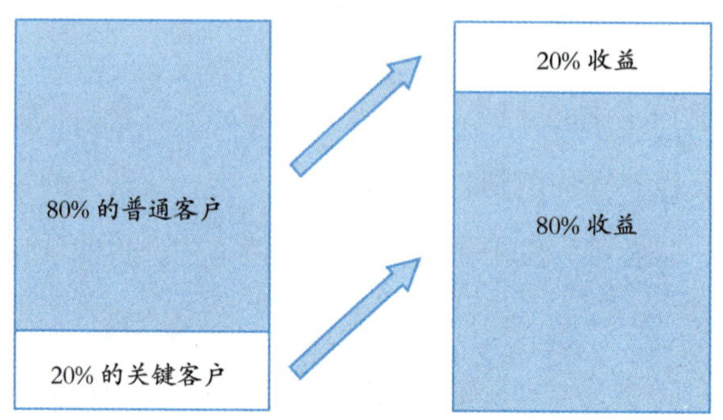

图 5.1 销售活动中的二八法则

况且，从公司角度来说，开发一个新客户所需要花费的成本，至少是维护一个老客户所需要花费成本的五倍。换言之，假如我们能将关键客户的流失率降低 5%，那么就有可能让利润实现 100% 的增长。相应的，如果因为服务不周致使关键客户流失，那么必然会对我们的销售状况产生非常大的负面影响。此外，在关键客户流失的同时，还可能带走与之相关的潜在客户。这样一来，我们的损失就更大了。

那么，在服务客户的时候，我们应该怎样区分“轻重缓急”以便为客户提供更为恰当的服务呢?

对于初次接触的新客户，可以先简单地用“ABCDE 法”来进行分类。具体操作方式如下。

A 类客户：虽然还未做出决定，但有一定购买意向的企业家或决策人。这类客户是值得关注的重点潜在客户，很有可能为我们带来数额较大的订单。

B 类客户：有购买意向，且具有一定的决策权，但同时也因为某些原因的限制而不能立刻做出决定。这类客户同样值得我们花费一定的时间与精力去攻克。

C 类客户：有购买意向，也有一定的话语权，但并没有最终决策权。相比前

两类客户来说，这类客户的重要性就弱一些，但毕竟其拥有一定的话语权，对交易的成败也会有一定的影响。

D 类客户：对产品不甚了解，但有值得挖掘的潜力。

E 类客户：没有购买意向，或已经直接拒绝的客户。

对于以上类别的客户，很显然，我们在与之接触时，应当将时间和精力更多地用于关注前三类客户，至于后两类客户，则可以根据实际情况酌情降低关注度。

美国管理协会曾做过一项统计，结果表明：一位专业的销售人员往往拥有众多客户，而其中能够为他带来大部分订单和利润的却只有非常少的几位客户。比如，一位房地产经纪人，他手中有 150 位客户。其中 A 类客户只有 15 人，但创造的销售额却占了 50%。C 类客户有 69 位，占客户总数的 46%。他们所创造的销售额只占了 10%。这就是为什么我们需要对客户进行划分的原因。只有抓住真正重要的大客户，才能保证我们在销售活动中的基本收益。

对于有过一定接触，彼此双方都比较了解和熟悉的老客户，则可以大致分为以下三个类别。

第一类：大客户。这类客户能够为我们带来丰厚的利润，对企业的生存与发展起着极为关键的作用。

对于这类客户，销售人员要给予百分百的重视，时刻注意与其加强联系，提供最完善的服务。通常来说，能够有资格负责大客户管理的都是公司非常有经验且地位较高的销售人员，或者直接由公司指派的专门人员。

第二类：普通客户。这类客户数量最多，虽然从贡献率上来说，他们远不如大客户，但同样是需要我们用心去维系的。

这一类客户人数众多，基数较大，其中也会存在一部分有机会发展成为大客户的潜在客户，这就需要销售人员对其进行分析和密切关注了。

第三类：难以创造价值的客户。对于销售人员来说，这类客户基本上是无利可图的，在与其接触时，只要以礼相待，提供正常的服务即可。至于其他方面的优惠，通常不需要做过多的让步。

客户“逗你玩”怎么办?

“客户是上帝”，这句话对，也不对。

客户创造了市场，只有迎合了客户的需求，产品才能有市场，企业才能发展壮大；客户创造了利润，只有产品得到客户的青睐，被客户购买，我们才能有利可图；客户造就了产品的质量，产品的升级如果跟不上客户的眼光，那么就必然会被市场淘汰。所以，在销售活动中，客户确实是上帝。

然而，上帝不会犯错，因为他的一切都是真理，但客户却是会犯错的。尤其是涉及一些专业领域的问题时，客户可能会有一些异想天开的主意，但这些主意却未必都能很好地作用于产品。在这种时候，销售人员如果依旧把客户当“上帝”，那么恐怕就只能自吞苦果，被客户“逗着玩”了。

对于这一点，销售员罗先生可是深有体会。

刚入行的时候，罗先生是在一家销售型企业的总部工作，负责公司的包装袋销售业务。一进公司，负责带罗先生的王师傅就数次告诫他，一定要服务好每一位客户，牢记“客户是上帝”的原则。

一次，公司委派罗先生到天津出差，负责和当地的一位客户洽谈一笔包装袋批发定制的生意。为了符合客户的要求，罗先生按照客户的意思前后将包装袋的规格、款式修改了四五次，但依旧没能让客户满意。罗先生很无奈，但还是耐心地听取客户提出的建议和要求，力求满足这位“上帝”的一切刁难。

在交涉过程中，客户突发奇想，提出了一个主意，要对包装袋的形状进行一些特殊的变动。这个变动虽然不大，做起来也不算麻烦，但实际做出来，效果可能并不像预想的那样好。

罗先生本想让客户打消这个念头。但一想到之前客户种种苛刻的要求和刁难，罗先生又有些退缩了。从之前的沟通中，他就知道，这位客户是个非常强势的人，很少能听进别人的意见。即便他提出反对意见，客户也未必会听他的。而且，万一激怒了客户，这笔生意恐怕就黄了。于是罗先生只得服从客户的指令，领导手下的人重新设计样本。

结果，折腾来折腾去，好不容易按照客户的要求做出了样本，却让客户大发雷霆。果然就像罗先生担心的那样，样本呈现出来的实际效果并不好，实用性也因为形状的改变而大打折扣。虽然一切都是完全按照客户的要求去做的，但是惹得客户大为恼火，认为他们不够专业，险些丢了这笔订单。

好在最后订单还是顺利地签下了，而客户敲定的最终方案正是最初罗先生准备的第一套方案。

想必很多销售员都有过和罗先生类似的经历。你明明已经放低身段，对客户唯命是从，把他们当“上帝”一样供了起来，可对方依旧不满意，还总是提一些莫名其妙的要求。等你遵照要求拿出方案之后，又被客户各种挑剔、各种指责。等折腾一通回来，事情一切又回到了原点。好像这通折腾就是客户闲得无聊在“逗你玩”似的。

说到底，造成这种情况的一大原因就在于，很多销售员都错误地相信了这句话：“客户是上帝，客户永远是对的。”

假如你是一名厨师，客人向你提出意见，让你把菜做得咸一点或者淡一点，甜一点或者辣一点，你是完全能够满足的。你只要根据不同客人的口味进行一些调整，就能让双方都非常满意。但假如某位美食家突发奇想，要求你在面条里加香蕉，或者把奶油涂到酱肘子上，那么你就应该直接把他赶出去，而不是放任他继续想当然地对你指手画脚！

客户也不是全知全能的人，他们同样会犯错。当他们提出自己的某个想法时，并不意味着他真的了解自己需要什么，或许只是脑海中突然迸发的某种灵感。作为销售人员，我们需要做的，是从专业的角度对客户提出的要求进行鉴别与判断，在合理的范畴内尽可能地满足他们的需求。至于那些不合理的，或者无法给产品带来任何增益的想法，就应当果断地拒绝，而不是为了讨好客户而昧着良心地去做事。

苹果公司的创始人乔布斯曾经说过："我们从来不相信什么市场调研，因为并不知道他们真正想要的是什么。而我们就是把最棒的设计做出来，然后让客户喜欢并爱上我们。"然后，苹果崛起了，将极简设计引领为潮流，深深地植入消费者的心中，影响了整个时代。

当然，我们不是天才一般的乔布斯，不可能像他一样恃才傲物，凭借天才般的创意去打动客户。我们要吸引客户，赢得客户的认同，签下订单，我们就必须考虑客户的意见和需求。但与此同时，我们也必须坚守自己的专业，敢于否定客户提出的不合理要求。事实上，只要应对得当，这不仅不会得罪客户，反而能让客户感受到我们的专业和可靠。那么，我们究竟应该怎样做呢？

第一，认真听取客户的意见，然后给予回应。当客户陈述自己的想法和意见时，不管你心中有什么想法，都不要打断他，这是对人最起码的尊重和礼貌。即使你已经完全明白了客户的意思，也先用心听完他所有的陈述之后再做出回答。这样做能够让客户感觉到自己是被尊重的，即便之后你否定了他的意见，也不会让客户觉得你是在敷衍他，或者根本就没有认真听取他的想法。

需要注意的是，虽然我们应该坚守自己的专业，但在与客户沟通的时候也要注意技巧。比如，有些缺乏经验的销售员，在和客户沟通时，总是非常耿直地当场否定客户的意见。这种做法其实非常不妥当。这会让客户非常尴尬。正确的做

法是，如果有第三者在场，那么最好能私下与客户进行沟通，并且，在表述自己的意见时尽量委婉一些。

第二，即便否定客户的意见，也要保持谦逊的态度。恃才傲物，这是很多天才人物都存在的特征。但是，作为一名销售员，想要做好销售工作，就一定不能存在这种特征。尤其是在面对客户，与客户沟通的时候，要始终保持谦逊的态度和礼貌，这是每个销售人员都应当具备的职业修养。

很多时候，客户会因为缺乏专业的认知，而提出一些看似十分荒谬的意见。在这种时候，作为销售人员，千万不能因为觉得自己是专家，就对客户表现出嗤之以鼻的态度，否则，很容易得罪客户，甚至搞砸交易。

有的客户比较固执，即便在销售人员否决他们的提议之后，依旧会据理力争，试图证明自己才是正确的。面对这种无理取闹的客户，销售人员一定要有充足的耐性。请记住，没有不能沟通的客户，如果有，那只能说明你没有找对沟通的方法。

第三，无论是销售人员，还是客户，双方的立场和利益点都是一致的，都希望交易能够给彼此带来利益。所以，永远不要把客户放在你的对立面，而是应当将其看作你的同伴，并懂得从对方的角度考虑问题，既不能一味奉承，也不能一味否定。只要找到与客户沟通的平衡点，客户自然也就不会再一遍遍地上演“逗你玩”的把戏了。

用麦肯锡时间法则应对复杂客户群

随着销售活动的开展，销售人员手中的客户数量将会越来越多，客户性质和层次也会变得越来越复杂。到这个时候，如果还没有一个明确的应对章程，销售人员就很容易迷茫，尤其是在遭遇突发状况的时候，更是容易手忙脚乱，失去对重点环节和客户的把握。

客户是销售人员手中最重要的资本。客户群管理得越好，质量越高，销售人员的工作效能就能大幅度地提高。相反，若是客户群管理不当，造成客户资源的浪费，甚至流失，那么销售人员的工作效能就会大幅度地降低。所以，对于有一定经验，且手下已经形成一定规模客户群的销售人员来说，最迫切的事情就是需要尽快制定一个恰当的方案，来对自己的客户群进行跟进和管理，确保整个客户群的资源得到充分利用。

在销售工作中，困扰销售人员的最大问题就是：时间不够用。通常来说，销售工作中遇到的大部分问题，销售人员都是有能力去解决的，包括管理和应对客户群。

但有能力不表示有时间，每个人一天的时间都只有 24 小时，除去吃饭、睡觉，能够用于工作的时间也是极其有限的。时间不会因为有过多的事情需要处理而多给谁一分钟，也不会因为无所事事而扣掉谁一分钟。这就意味着，如果我们将所有遇到的问题都归结于“时间不够用”的话，就无异于推卸自己的责任。想让时间够用，我们只有一个选择，那就是做好时间的分配与管理，让有限的时间创造的价值最大化。

提到时间管理，想必对于麦肯锡的时间管理法则大家都不会陌生。这是麦肯

锡公司从 90 余年成功与失败的经验教训中总结出来的一系列卓越高效的时间管理技巧，其中的一些方法或许能够帮助我们学会如何更好地应对复杂的客户群。

第一，客户群分类。

首先，我们要明确一点，不管愿不愿意，我们都不可能将有限的时间平均分配给每一位客户。这就意味着，我们不得不对手下的客户进行区别对待。因此，我们需要做的第一件事，就是对自己的客户群进行分类。

一般来说，根据客户群不同的性质大概可以分为以下几个类别。

1. 已成交的客户。这部分客户是客户群中最重要的组成部分，直接反映了销售人员整体客户群的质量，同时，也是为销售人员创造收益的“主力军”。这部分客户既是销售人员的长期合作者，同时，也已经产生一定程度的品牌忠诚度。只要经营得当，他们将会成为销售人员开展工作的中流砥柱。

2. 开始测试产品的客户。开始测试产品，就意味着客户已经产生了明确的购买欲，距离成交自然也就不远了。这部分客户数量的多少也直接决定了销售人员手下已成交客户的增长率。

3. 还未拿下的有质量的客户。这部分客户通常都拥有较强的实力和较为丰富的经验。如果能顺利拿下，他们将会成为客户群中的中流砥柱。但目前来说，这些客户都只是销售人员的目标潜在客户，还未能顺利拿下，但绝对是潜在客户中最具潜力，也最值得重视的一批。

4. 已联系多次的客户。这部分客户与销售人员已经进行过多次沟通，双方合作的可能性很大。只要销售人员继续与客户保持联系，就有可能促成交易。

5. 刚开始联系的客户。这部分客户大多属于销售人员刚刚开始接洽的新客户，双方的了解并不深入，要想促成交易还需要一段很长的历程。

6. 暂停联系的客户。这部分客户属于因发展失败而被放弃的客户。之所以关注这部分客户，有以下几个问题需要注意。

首先是暂停联系客户的数量。如果这部分客户的数量占整个客户群数量的比重较大，那么说明我们的客户群本身质量就不算高，一旦遇到问题则非常容易崩溃。

其次是暂停联系客户数量的变化趋势。如果在一段时间内，这部分客户数量呈现上升状态，那么说明我们的客户群很可能出了问题，需要重点关注，防患于未然。

最后是暂停客户联系的具体原因统计。了解这些原因，有助于我们更好地应对和处理与客户群之间的问题。

第二，按照重要性排序。

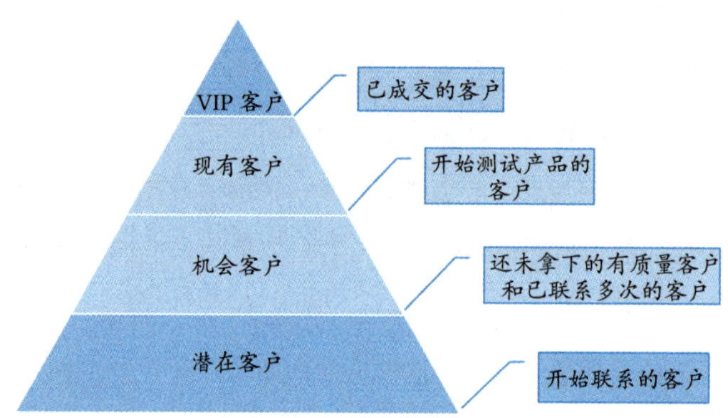

图 5.2 客户的分类和排序

如果按照客户群的贡献率和重要性进行排序的话，已成交的客户无疑就是客户群中最为重要的群体，属于整个客户群金字塔的顶层，即“VIP 客户”，是销售人员应当重点关注和服务的群体。

开始测试产品的客户则位于金字塔的第二层，属于现有客户，其重要性仅次于 VIP 客户，是销售人员应该用心经营的对象。

接下来是还未拿下的有质量客户和已联系多次的客户，这部分客户位于第三层，属于机会客户，是销售人员可以考虑重点发展的对象。

开始联系的客户则属于潜在客户，位于金字塔第四层，是销售人员发展壮大

客户群体的第一选择。

第三，一次只处理一件事。

在处理客户群问题的时候，销售人员一定要牢记一个重要原则：一次只处理一件事。很多人在工作中总是把自己弄得焦头烂额，最终却什么事也做不好，就是因为他们什么都想做，结果反而什么也做不好。正所谓“贪多嚼不烂”，学会专注，我们才能有效地提升自己的工作效率。

第六章

如何让时间效益最大化——让勤奋程度和收入水平相匹配

天道酬勤，每个人都知道，只有勤奋才能让自己不断进步。但是，有些人看起来很勤奋，却始终在原地踏步，这是为什么呢？勤奋也是有效率高低之分。有些人的勤奋着实转化成了成绩，而有些人的勤奋却只是无谓的忙碌。如何才能跳出瞎忙的怪圈呢？那就必须让勤奋获得最大的回报。

没有计划的销售员都是在瞎忙

《精要主义》的作者格雷戈·麦吉沃恩在书中说："如果你不按照优先次序安排你的生活，其他人就会这样做。"

很多销售员想要成为销售冠军，在一段时间内销售更多的产品。于是他们努力、再努力，打电话、查资料、寻找潜在客户、拜访客户……可努力的回报率并不高，业绩还不如那些"清闲"的销售员。其实，关键就在于他们的行动是盲目的，缺乏恰当的计划。

不少销售人员的行动都是临时起意，想到哪里就做到哪里，工作日历上满是空白。上班后突然想到一个潜在客户好像有购买意向，于是便立即"杀过去"拜访；在甲客户那里碰了钉子，想到乙客户也在附近，为什么不顺便拜访一下呢；想要拜访 3 名客户，可拜访两名客户之后，才发现遗漏了中间位置的乙客户，之后不得不绕回去拜访乙客户……

其实，销售人员都是无意识地陷入瞎忙的，往往不知道哪些工作习惯浪费了自己的时间，哪些行程和流程安排可以缩短。他们的行动是迅速的，内心是积极的，身体是勤奋的，可就是没有成效。或是比别人花费了更多的时间和力气，却没有别人的业绩好。

小睿接到一个项目，需要做好一系列的准备：对潜在客户进行考察，准备相关的产品资料，需要一位设计师来协助自己制定设计方法，对项目基地进行勘察，与助手一起调查同类产品的市场占有情况，需要某调查机构完成一份本公司产品的消费者满意度调查报告，与潜在客户进行初步接洽。

接下来，小睿马上投入了工作，希望在最短时间内与潜在客户接洽，并且达成合作协议。可经过 15 天加班加点的忙碌，这个单子却没有拿到手，被竞争对手抢去了。小睿沮丧万分，抱怨地说："要不是设计师耽误了时间，我们就不会失败。"

确实，对接过程中设计师出现了问题——设计师原本计划按时回国，为小睿设计方案，可是期间遇到了突发状况，不得不延后一星期归国。恰逢小睿需要到另一座城市会见另一位重要客户，等设计师回来之后继续完成产品的调查、项目基地的勘察等相关的后续工作。

结果，因为耽误了这几天，将要到手的单子泡汤了。许多人都认为小睿比较倒霉。可实际上，要是他能够做好安排，是绝对不会造成时间延误的，甚至还会提前完成任务。

虽然小睿列出了待办事项，也一件一件地按时完成，但是，他只是想到什么就做什么，根本没有制订最佳的行动计划——今天想要考察潜在客户，便立即安排助手和自己一起收集客户资料；明天想做市场调查，又开始查找口碑好、信得过的调查机构；今天想制定设计方案，便与设计师联系，而设计师不能按时回国，便放下了这一环节，转而进行另一个项目……

小睿毫无计划、毫无目的地忙碌，时间和精力确实花费不少，却没什么成效，最终导致项目彻底失败。

那些"清闲"的销售员就不同了。每次行动之前他们都安排好计划。他们每天、每周都做了详细的计划，并认真做好访问客户的预案，确保方案最优，包括拜访客户、客户回访、做客户调研、准备客户资料等等。每次给客户打电话之前，他们都做充分的准备，脑海中多次模拟与客户沟通的情形，如何应对突发事件……

还是拿上面的例子来说，若是小睿能事先做好计划，统筹安排时间，那么就

可以确保时间的高效利用，从而不致丢掉将要到手的单子。

小睿应该先亲自考察潜在客户，至于准备产品资料、调查同类产品的市场占有情况、总结本公司产品的优劣势、调查客户满意度等工作完全可以交给助手来完成。等到小睿完成自己的任务之后，再进一步完善助手的工作，这样可以节省很多时间。

而遇到突发事件——设计师回国时间延误，小睿完全可以临时更改计划，先做那些未完成的事情——初步接洽客户，考察项目基地等等。等这些工作做完之后，设计师也就回来了，再讨论设计方案的制定也不迟。

至于拜访另一位重要客户，可以在初步接洽、考察完项目基地之后再进行安排。事实上，小睿完成拜访客户的准备工作只需要花一周多的时间，比之前整整节约了一半时间。

一位销售冠军曾经说过："与其紧紧张张地工作，不如轻轻松松地前进。头天晚上或是早上花一点时间安排好工作计划，能让我在行动过程中节省很多的时间，比别人找到更多的潜在客户。"

计划，对于任何人而言都是非常重要的。它不仅起到了工作方向的引导作用，还是高效执行的关键。一旦做事缺乏计划，那么，就可能出现方向的迷失和时间的浪费，从而导致虽然忙碌但是效率低下，甚至是毫无价值的瞎忙。

既然如此，销售人员行动前应该注意什么呢？很简单，避免无意义的拜访，合理安排重要事务，找出最节省时间的工作流程和时间安排。

想要避免无意义的拜访，销售人员就需要在出发前问自己以下几个问题。

拜访的区域是否规划好？是否规划出最佳拜访路线？

是否约见客户？拜访客户的目的是什么？

需要收集哪些客户信息？工具是否齐全？

我的说服策略是什么？遇到问题应该如何应对？

……

而如何安排好每天的事务，制定最节省时间的工作流程，有效地管理时间，这并不困难。只要你把每天需要处理的事情都列出来，然后按照轻重缓急的顺序进行排列，分析每件事情的工作步骤，便可以实现对时间的统筹管理。

当然，“计划赶不上变化”，你还需考虑到计划的弹性，制订计划要量力而行，确保计划是自己力所能及的，并且考虑好应对突发事件的方案和措施。

销售计划与时间管理

有人说过这样一句话：当人们在许多不同的事情上遭遇失败的时候，他们总能为自己找到各式各样的借口。而若是人们在几件事上都获得了成功，那么，他们必定在做事之前就先制订好了计划。这个道理对销售员同样适用。

很多人以为，能够把销售做好的，必然都是那种舌灿莲花，特别会说话的人。甚至有不少人，在面对自己的失败时，总喜欢以“缺乏天赋”为借口。但实际上，绝大部分优秀的销售员，他们之所以能够在销售行业获得成功，签下一个又一个的订单，并不是因为他们有与生俱来的魅力，或者有比别人更卓越的说话天赋，而是因为他们在每一次展开推销活动之前，都会花时间来制订一个周密的计划。

有人可能会说，做销售员，本来就会遇到很多不确定的因素，做计划又有什么用呢？在回答这个问题之前，我们先来看下面的两个案例。

A公司最近新推出一款热水器，其亮点就是能比普通热水器节约20%的用电量。但这款热水器在安装的时候，要比普通的热水器稍微高一些。一位顾客在听完销售员对这款热水器的推介之后非常感兴趣，便向其询问：“这款产品虽然很不错，但我家热水器的安装孔都是预置的，如果购买这款产品的话，在安装的时

候是不是还需要做一些调整？那样岂不是很麻烦？”

听到这样的问题后，销售员结结巴巴也说不出个所以然来。他一心只想着自己的任务是向顾客推荐介绍产品，至于安装问题，那都是负责送货安装的人需要考虑的，所以他压根儿就没有了解这方面的知识。最终，顾客败兴而归，没有买下这款热水器。

类似的状况在另一位销售员身上也发生过。

那是一位推销节能产品的电话销售员。他总是在没有充分准备的情况下就盲目地拨通客户的电话。可想而知，等待他的必然是一次又一次的拒绝。比如有一次，他和客户刘总之间就发生了这样一番对话。

“您好，刘总，我是 ×× 公司的小 ×，您还记得我吧？最近我们公司新推出了一款节能产品，您有没有兴趣了解一下？”

“我现在不太方便。”

“只需要两分钟的时间就可以了，我可以先简单地向您介绍一下……”

“抱歉，真的没时间，再说吧。”

“不是，刘总，这款产品真的很适合你们公司……”

“不用说了，我们不需要。”

客户挂断了电话。

上面这两位销售员的失败，说到底其实都是因为缺乏计划。如果第一位销售员在开展销售活动之前先做个简单的计划，那么在做计划的过程中，必然会考虑到顾客可能询问的种种问题，从而提前做好准备。即便不能给出足够专业的回答，也不至于一问三不知，让自己陷入被动的境地，白白地错失了一位潜在客户。第二位销售员同样如此。如果他能在与客户通电话之前先了解一下客户的情况，获悉对方的行程，了解对方的需求，那么就不会在不恰当的时机去打扰对方，或刚开口就遭到拒绝。

在现实生活中，很多销售员之所以没有事前做计划的习惯，一方面可能是因为他们总是以为自己的销售工作不会失败，所以没必要考虑太多；另一方面则可能是因为他们对销售行为总是抱有一种可有可无的态度，认为自己只要完成本职工作，向客户推荐产品就行了。反正如果这笔订单拿不下，那就朝下一笔努力，又不会造成什么损失。

无论抱有哪种想法，这显然对我们日后销售工作的开展都是极为不利的。如果不能从根本上树立正确的认知，端正态度，我们就永远不可能在事业上获得突破，取得成功，成为销售行业真正的优秀人才。

无论做什么事情，只要缺乏计划，就等于浪费时间。有很多人，每天工作都很卖力，像陀螺一样总是忙得脚不沾地，总感觉自己做了很多事，然而工作上却始终毫无起色。其实，只要回过头认真想一想，他们就会发现，自己所谓的“忙碌”，绝大部分时间都是漫无目的、毫无意义的。他们把时间与精力浪费在了不重要的地方，而真正重要的事情却没能做多少。可见，缺乏计划，无论对于工作，还是生活来说，都是极为不利的。

那么，再回到前面的问题，对于本来就存在许多不确定因素的销售工作，到底应该怎样做计划呢?

不妨来看一个例子，这是一位资深销售人员分享的经验：

“多年的销售经验，让我养成了事先做计划的习惯。这能帮助我有效地提升工作效率。每个周末的晚上，我都会留出一段时间对客户名单进行一次梳理，总结并分析正在跟踪的客户情况，列出下一周重点跟踪和维护的客户名单，列出准备与客户沟通的时间和事项。这一周的计划主要包括三项内容，即时间、客户及主要工作内容。

“除了制订每周工作计划之外，在开展每天的工作之前，我同样也会做一个简单的计划，把每天需要完成的工作列出来，然后根据其重要程度和紧急程度进行分类，确定工作的先后顺序。如果需要外出，那么我会根据外出的具体情况来给自己设立一个最省时省力的路线，避免在路途中浪费过多的时间。有了具体的

计划，我就能够清晰地知道下一步需要做什么，应该走向哪里。即便遭遇突发状况，我也可以用最快的速度对计划进行相应的调整。”

表 6.1　销售员的周计划表

时间	客户	主要工作内容

销售工作涉及的事务往往比较繁多。也正是因为如此，面对琐碎的工作，如果我们凡事都靠脑袋记忆或者想起一件是一件，那么必然会把事情弄成一团乱麻，浪费大量的时间。但如果事前能拟定一个清晰明确的计划，那么我们就能高效地完成工作。

至于说那些可能遭遇的突发事件，就像那位资深销售人员所说的，在有明确计划的基础上，即便要做出调整和改变，也相较于那些毫无计划的人来说要方便得多。所以，请记住，想要提升工作效率，在开展工作之前先给自己做个工作计划。

销售要避开关于勤奋的“心理学陷阱”

每个公司都有这样的销售人员，工作勤奋刻苦，总是忙前忙后，活儿从来不少干，可偏偏就是因为各种各样的原因出不了头，要么业绩提不上去，要么难得上级领导欢心。为什么会出现这样的情况呢？为什么明明已经如此勤奋，却无法得到相应的回报呢？

毋庸置疑，无论是在工作中，还是在生活中，勤奋都是必不可少的优秀品质。不管做什么事情，想要获得成功，想要最大化地实现自己的价值，你就必须勤奋。但是，在现实中，很多人对勤奋的理解其实是错误的，一不小心就掉入勤奋的“心理学陷阱”，从而导致付出与收获的不匹配。

那么，在工作和生活中，我们身边都存在哪些勤奋的“心理学陷阱”呢？

陷阱一：只要埋头苦干，就一定能出人头地。

很多人都以为，只要不怕苦、不怕累，埋头苦干做事情，那就叫勤奋。但是这种认知并不完全正确。不管做什么事情，付出努力的目的都是得到回报。也就是说，如果你付出的努力是无效的，不能收到回报，那么你的“勤奋”就是毫无价值的。

试想，如果一名销售人员，每天工作都表现得非常忙碌，来得比别人早，离开得比别人晚，但一个月下来，却连一张订单都签不到，那么，公司会因为这名销售人员的“勤奋”而留下他，甚至表扬他吗？答案是显而易见的。

我们做销售，最终目的是把产品推销出去，实现盈利。如果销售人员只想着埋头苦干，却根本不关心苦干的结果和收益，那么即便表现得再劳心劳力，对于公司来说也是毫无价值的。

所以，请记住，要想干好销售这一行，仅靠增加工作量，是根本无法产生超额利润的。只有时刻让大脑保持活力，提高自己的工作效率和自身的价值，才能真正实现出人头地的目标。

陷阱二：越努力越幸运。

“越努力越幸运”——相信很多人都听过这句经典名言，但实际上，这句话完整的表述方式应该是：找对了方向，才能越努力越幸运。

李先生和林小姐分别是销售部A组和B组的小组长。两人收到消息，公司将会从他们二人中选择一人提拔为部门的副经理。作为考核，公司将会让他们负责接待一位大客户，谁能率先拿下这位大客户的订单，谁就是最终的胜利者。

几天后，李先生和林小姐顺利地接到了这位大客户冯先生。凭借“性别优势”，李先生抢先一步为冯先生安排了一系列精彩的活动，让林小姐根本插不上手。在为期一周的接待时间里，李先生鞍前马后地陪着冯先生，让他玩得十分尽兴。

但令人意外的是，就在李先生胸有成竹地认为自己会获得最后的胜利时，林小姐却先他一步签下了这笔订单，成为销售部的副经理。直到这个时候，李先生才知道，原来这段时间，林小姐一直都在接待被他忽略的冯太太。而很多人都不知道的是，冯太太才是那家公司最大的股东。

瞧，在李先生和林小姐的较量中，最后获得胜利的那个人并不是最努力的那个，而是选对了方向的那个。

其实，不仅是销售行业，在任何行业都是一样的，不管做什么事情，选对方向，往往比勤奋更重要。只要选对了方向，你每往前走一步，都会离成功更近一步。相反，若是选错了方向，那么你越是努力，离成功就越远。

陷阱三：能线上解决的事就不需要再见面。

随着网络的普及，现代人传递信息的方式也变得越来越多样化。哪怕是相隔千里，一通电话、一封邮件、一条微信也能转瞬即达。因此，为了追求效率，也为了自己的方便，很多人都认为，能在线上解决的事情就线上解决，不需要再进行面对面的交流。诚然，这种交流方式确实省时省力，但从长远来看，对销售工作的展开其实并没有什么好处。

做销售员这一行，人际关系的建立与维护是非常重要的。一条优质的人脉，能够为我们带来的不仅是源源不绝的财富，更是一个又一个的机会。而人脉的维护，相比线上的沟通和寒暄，显然还是面对面的交流更有价值。

所以，虽然我们一再强调效率，但在追求效率的同时，我们更要懂得把目光放得长远一些，客观周全地考虑问题。请记住，无论互联网技术和社交软件发展得多么先进，都不能完全取代人与人之间面对面的交流与沟通。

陷阱四：付出必定会有收获。

这是很多人都会用来激励自己的一句话。但同时，也是很多人用来“安慰”自己，或者说为自己的懦弱寻找借口的一句话。在你的身边或许也有这样的人：因为不好意思拒绝别人，而被支配得团团转。每天忙得脚不沾地帮别人做事情，结果自己的工作反而只能加班加点地去做。

这样的人我们通常称为“老好人”。他们没有脾气，也没有原则，从来不敢拒绝别人的要求，而不管自己是否能够承受。他们总是安慰自己，不要计较，付出必定会有收获。然而事实上，这种被别人支配的“繁忙”，是根本不能称之为勤奋的。这样的“勤奋”，不论对于他们自己未来的发展，还是对于眼下的工作，都没有任何积极的意义和价值。

勤奋不是毫无意义的瞎忙。只有避开这些勤奋的“心理学陷阱”，我们才能真正让自己的付出变得更有价值，从而提升工作效率，让自己的付出获得最大的回报。

销售如何告别“伪勤奋”？

上学的时候，班上总有这样的同学：学习拼命努力，夜夜挑灯夜读。就连走在路上，嘴里可能都在背诵课本上的知识点。下课更是从不休息，天天堵着老师问这问那。平时最大的消费就是购买各类参考书——但是，即便如此，学习却依旧只是中规中矩，徘徊在中下水平。

上班以后，身边也总有这样的同事：每天忙前忙后，手上一刻也闲不住。上班比你早，下班比你晚，跑腿比你勤，简直就是远近闻名的“加班圣手”、工作狂——但是，业绩与努力却总是呈现惊人的落差，签下的订单甚至还比不上刚入行的小青年。

这到底是为什么呢？拼命努力，为何却无法换来相应的回报？是因为这个世界本就不公平，还是这些拼命努力的人实在天资有限，勤也补不了拙？

其实，事实并非如此。天道酬勤，从来都是世间的真理。生活从来不会辜负任何一个勤奋的人。但同样，生活也从来不会姑息任何一个“伪勤奋”的人。

勤奋应该是一种结果，而不仅仅是一个过程。一个学生，上课埋头抄笔记，下课赶着做作业，看似拼命努力，却从来没有真正用脑子去思考和理解所学的知识点，这样的“努力”对学习是没有任何帮助的，也根本算不上真正的勤奋。一个员工，没日没夜地加班，被各种毫无意义的琐事支配得团团转，却根本搞不清楚客户的需求，完成不了公司指派的任务。这样的人，哪怕看上去确实足够拼命和“努力”，也依旧只是一种“伪勤奋”。

以上所提到的这两种人，说到底其实都算不上真正勤奋的人。他们只是在假装很努力，甚至假装得连自己都相信了。然而，为了勤奋而勤奋，这本身就是错误的。没有结果和收获的勤奋，归根结底，就是瞎忙活，是毫无意义和价值的“伪勤奋”，除了浪费我们的时间和精力之外，不会给我们带来任何收益。

做销售这行，一不小心就陷入“伪勤奋”的人非常多，有主观原因导致的“伪勤奋”，也有因认知上的偏颇而不慎导致的“伪勤奋”。但无论是哪一种原因，如果我们不能找到问题所在，从根本上杜绝“伪勤奋”，那么，无论我们付出多少努力，我们的业绩也是很难有任何的起色。

之前说过，勤奋应该是一种结果，而不是一个过程。所以，当你在一件事情上投入了大量的时间与精力后，却发现依旧没有成效时，你应该做的，不是机械地继续重复之前做过的事情，而是应该积极思考，找到问题的所在，然后从根本上去解决问题，寻求突破。这才是真正的勤奋。也只有这样的勤奋，才能真正为我们带来帮助与回报。

在这里，和大家分享一种能够帮助我们彻底告别“伪勤奋”，快速提高工作效率的方法。这种方法可以称之为“五步循环法”。

“五步循环法”的“五步”包括：设定目标、制订计划、具体实施、成果验证、重新调整。

第一步：设定目标。

很多人工作效率低，容易陷入“伪勤奋”的怪圈，其首要原因就是缺乏明确的目标。尤其是做销售工作，如果没有明确的目标，就很容易“跑偏”，将时间和精力浪费在无谓的琐事上，最终得不偿失。

比如，当你缺乏明确目标的时候，你在工作时就很可能会被眼前的事务所“支配”，试图兼顾方方面面，一会儿忙着见客户，一会儿忙着做产品跟进，一会儿又忙着搞年度计划……结果，最终一件事都没能做好。但如果在开展工作之前，你就已经有了明确的目标，那么就不会被繁杂的事务扰乱，而是按照计划依次把一件件事情做完做好，避免了瞎忙一通却毫无收获的情况。

所以说，不想陷入毫无价值的“伪勤奋”，我们要做的第一件事就是给自

己设定一个明确的目标，然后，以此目标为导向，将时间和精力用在正确的地方。

第二步：制订计划。

有了目标之后，就应该制订实施计划了。这就好比盖楼，已经想好了要盖什么样的楼，但怎么让想法变成现实，就需要制定具体的方案和流程了。

我们知道，“伪勤奋”的一大特点就是：看上去很努力，很忙碌，但却做不出任何成绩。为了避免这样的问题，在制订计划的时候一定要注意，除了确定最终的大目标之外，还要拆分出一个个阶段性的小目标。这样做，不仅能够方便我们随时跟进计划实施的效果和进度，随时进行调整，同时也能激励我们继续努力，直至实现最终目标。

第三步：具体实施。

有了计划和目标，下一步就该行动起来了。即使再好的计划，如果不能落实到行动上，也根本无法体现出真正的价值。当然，如果设定的目标确实是你希望实现的，你制订的计划也是经过深思熟虑、缜密推演的，那么，相信在执行的时候，你也不会让自己的努力付诸东流。

第四步：成果验证。

计划在没有实施之前，都只是存在于我们脑海中的一种推演。不管我们考虑得多么全面，在真正实施计划的过程中，事情不可能完全按照我们的预期发展。为了让计划更贴近实际，达到更好的效果，在采取行动时，我们需要不断地进行验证，看成果是否已经达到我们的预期。

第五步：重新调整。

经过验证之后，如果我们发现计划的实施与最初的预想存在较大的差异，或在此过程中产生了一些更好的想法，那么，我们就需要对已经制订的计划进行一些必要的调整，让它更加实用，与现实更加契合。

当我们拥有明确的目标、清晰的方向以及正确的策略时，那么，不管遇到什么情况，都不会迷失和动摇了。只要按照这个循环原则，坚持实施我们的既定计划，就能确保我们始终朝着自己的目标稳步迈进，所付诸的努力与汗水也总能收到相应的回报。如此也就能彻底告别“伪勤奋”，让自己的付出变得更有价值。

用合理的高难度目标来规范自我

拿破仑说过：“不想当将军的士兵，不是好士兵。”

其实，我们做任何事情都是如此，没有高远的目标，就难以取得卓越的成就。目标是一个人的行动指南，是指引我们找准方向的指路明灯。只有找准了目标，我们做事才有效率，才能够真正将事情做好。但需要注意的是，在设立目标时，既不能期望太高，也不能太过于超出自己的能力范围，否则，反而可能给自己造成不良的后果。

刚入行做销售员那会儿，李旸就给自己树立了一个目标——要成为全公司最优秀的王牌销售员。当时，公司里最优秀的王牌销售员叫魏峰，比李旸早入行五年，在业内小有名气。因此，李旸一直在心里暗暗地将魏峰当做自己的竞争对手。

李旸是个非常好强的人，头脑也非常聪明，在学生时代就是有名的学霸。他一直以来都是在掌声和赞誉中成长的，没有遭遇过什么挫折。在进入公司之初，他对自己信心满满，认为自己依然会和从前一样迅速成为公司最受瞩目的新星，赢得所有人的崇拜。然而，很快他就遭受到了前所未有的挫败。

客观地说，在所有的新人中，李旸的表现其实已经非常优秀了。但问题是，他给自己树立的竞争对手是公司里最优秀的销售员魏峰。两个人无论是能力，还

是业绩，都称得上是天差地别。能够成为王牌销售员，魏峰的个人能力自然不会弱，再加上五年的工作经验，这是李旸根本就没法比的。

很多时候，把李旸弄得焦头烂额的问题，魏峰可能只是稍微动动手指头就能轻松地解决。这种巨大的差距，一度让李旸深受打击。他甚至对自己渐渐地失去了信心，开始怀疑自己是否真的适合做销售这行。

李旸的师傅知道这件事后，便安慰李旸说："你和魏峰之间的差距不是能力，而是五年的工作经验。只要你肯努力，我相信，五年后的你，一定不会输给现在的魏峰。在此之前，不如试着把目标放在你的前一名身上。如果你能追上每一个'前一名'，那么，总有一天你会成为第一名。"

听了师傅的话后，李旸调整了自己的心态。他像师傅所说的那样，一步一步地追上比自己优秀一点点的"前一名"。两年后，李旸在公司年度总结会上坐上了"王牌销售员"的宝座。

轻易就能够得着的目标，往往很难激发我们的斗志。而过于高远的目标，又容易让人觉得力不从心。只有那些符合实际，但是又有一些难度的目标，才能真正引导着我们不断前进，不断激发我们提升自我的斗志。就像师傅告诉李旸的那样，"追上前一名"，这就是一个合理的高难度目标。

所谓"合理的高难度目标"，必须符合两个特点：一是得从实际出发，是自己通过努力确实可以达到的；二是在合理的范围内，越远大越好。因为通常来说，当你心中想要实现某个目标的时候，你实际能做到的成就，一般是不会超过这个目标的。因为当你意识到自己心中的目标就要变为现实之后，潜意识里的你往往就会松懈下来，认为自己的任务已经完成了。所以，在合理的范围内，你的目标定得越远大，你所能激发出来的潜能就越多。

可以说，合理的高难度目标，能够帮助我们更好地塑造自我，规范自我。而要实现这一点，以下几个方面是我们必须要注意的。

第一，调高你的目标。目标过高，容易打击人的自信。但目标过低，则难以激发人的潜力。

人的潜能都是逼出来的。有时候，不给自己一点儿压力，你永远不会知道自己究竟有多优秀。做销售员这行更是如此，你只有不断地给自己压力，才能激发出自己的潜力，迫使自己不断地进步。

很多有一定经验的销售人员，由于对自己的能力比较了解，他们通常会制定一个在能力范围内能轻松完成的目标。短时间来看，这样的目标不会给自己带来多少压力，又能让自己轻松地完成工作。但从长远来说，这样做其实也会在无形中阻碍自己的提升与发展，让自己失去进步的空间。

所以，如果你的追求不仅是眼前安逸舒适的生活，如果你在事业上还存在一定的野心，那么，就将自己的目标调高一些吧。因为只有高目标，才能激发高潜能。

第二，掌控你的情绪。情绪对人的影响是非常大的。比如，当一个人感到开心的时候，体内就会发生非常奇妙的变化，让人感觉仿佛获得了源源不断的力量。

所以，为了让我们能够充满激情地投入工作，为自己的目标而努力奋斗，我们就必须学会掌控自己的情绪，在制定目标时，做到理智客观，在拼搏奋斗时，做到激情四溢。

第三，增强紧迫感。时间是这个世界上最昂贵的东西。不论你年纪多大，都不要觉得自己有许多时间可以用来挥霍，也不要总以为自己拥有充足的时间去实现理想和目标。你得增强紧迫感，逼着自己不断努力，不断学习，将每一分每一秒都充分利用起来，否则，你将永远无法实现自己设定的目标。

第四，直面恐惧。很多人之所以不敢给自己设定难度较高的目标，就是因为不想面对内心因失败而产生的恐惧。但如果不能克服这种恐惧，那么，我们就只能故步自封，一直停留在原地绕圈子。所以，想要突破自我，就要敢于直面恐惧。

第五，做好调整计划。通往目标的道路上，总是会遇到各种各样难以预料的意外和阻碍。无论事前我们做好多少准备，制订了多么周密的计划，都不可能完全与现实状况相符。因此，想要更快更好地实现目标，抵达目的地，在实现目标的过程中，我们就得根据现实的状况和时间的推移来不断地调整既定计划，以期获得更大的发展。

售后时间 = 零效益时间?

很多销售人员不重视售后服务，总觉得自己只要把东西推销出去，把订单签下来，自己的任务就完成了。因为在他们看来，所谓的“售后时间”就相当于“零效益时间”。与其将时间与精力浪费在这种创造不了任何效益的地方，还不如多想一想怎么进行产品推广。

但实际上，这种认知是极其错误的。售后服务在销售工作中同样是非常重要的一环。甚至可以说，在某些时候，售后服务的好坏，往往比价格的高低还更具有竞争力。而且，售后服务为我们创造的“潜在效益”也是非常惊人的。

任何一家企业，想要长久地发展下去，就不能只做“一锤子买卖”，而是必须发展自己的“忠实客户”。我们做销售员也是这样，要想把销售做好，就要懂得建立和维护自己的客户关系网络。尤其是对于新入行的销售人员来说，其发展的第一批客户很可能会成为今后最熟悉与最亲近的人。而要想留住这批客户，售后服务的质量就显得尤为重要。对于那些经验丰富的资深销售员来说，做好任何一位客户的售后服务，都意味着可能触及他们身后人数众多的朋友圈，而这些都将是日后的潜在客户。

以下是 2014 年全国消协组织受理的汽车产品投诉性质的比例图。从图中可

以看到，消费者因为售后服务问题而发起的投诉，在所有投诉中占据的比例高达14.17%。可见对于客户来说，售后服务的好坏实际上早已经成为衡量产品好坏的一个重要指标。

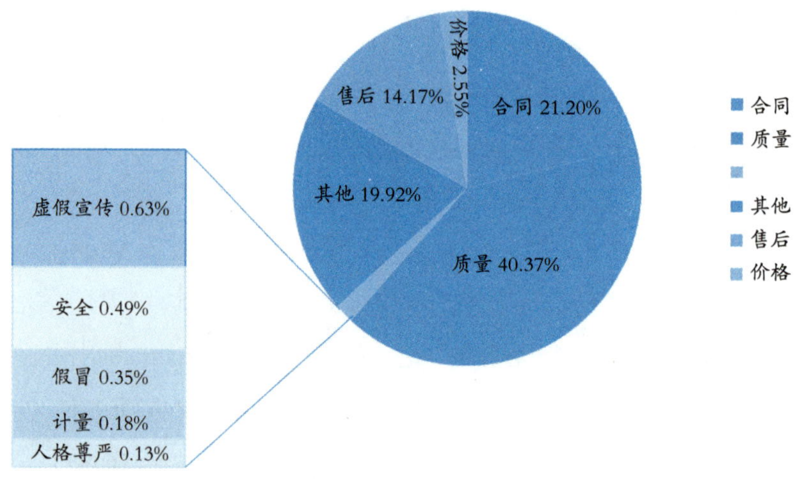

图 6.1 2014 年汽车产品投诉因素占比分析

所以说，作为销售员，把售后做好是非常重要的。你不重视售后服务，你的销售之路就只能越走越窄，你的客户也只能“坑一个少一个”。但如果你能把售后服务做好，留住越来越多的客户，那么，你的销售之路自然就能越走越宽，客户也就会越来越多。这就是售后服务能为我们带来的潜在效益。

在日常生活中，我们常常会听到人们讨论，说某个品牌的产品价格虽然贵一些，但售后服务有保障。另一个品牌虽然也有类似的产品，价格也便宜一些，但是售后服务没保障，不靠谱。通常情况下，当然会有一批人因为贪图价格的便宜而选择购买售后服务没保障的产品，同样，也会有一批人因为售后服务有保障，而选择购买价格贵一些的产品。

而且，对于越昂贵、使用寿命越长的产品，往往会有更多的客户倾向选择售

后服务更好的品牌。毕竟在产品使用的过程中，谁也不能保证会不会出现意外状况，而这个意外的发生率，也会随着产品使用年限的增加而不断增加。在这种时候，良好的售后服务就成了客户们的“定心丸”。可见，从某种程度上来说，企业信誉的积累，很大程度上也都是来源于售后服务。

在这个时代，你很难在市场上找到真正“独一无二”的产品。即便你的产品能在短时间内占据市场“独一无二”的位置，但是，不需要多久，其他品牌的类似产品就会跟风而至。那么，在这样的情况下，客户凭什么从你手上购买产品，而不是从其他人手上购买呢？当然，不同的客户也许有着各自不同的理由，但是，相信绝大多数客户对同一个问题都会非常重视，那就是售后服务。

好的售后服务总能给客户留下好的印象，从而帮助你与客户建立起良好的关系，为下一次交易增加成功系数。更重要的是，当客户对你的产品感到满意，对你所能提供的售后服务也非常认可的时候，他自然而然地就会对身边的人广而告之。他在无形中就会成为你的义务宣传员，而客户之间口口相传的“推广”，其效果往往要比官方广告更令人信服。

在做售后跟进服务的时候，我们除了需要考虑配合客户的购物内容之外，还要考虑以下其他因素。

第一，客户是否需要售后跟进服务。虽然说客户购买产品之后的跟进服务可以体现出销售人员的负责与热心，但在展开跟进服务之前，我们也必须先确认客户究竟是否需要跟进服务。

比如，一位客户向你购买了一支一块钱左右的圆珠笔，那么，这笔交易很显然并不需要任何跟进服务。但假如这位客户购买这支圆珠笔只是用一下，以便日后进行大批量的采购，那么，很显然你就得赶紧抓住机会展开售后跟进服务了。

第二，送货情况的确认和回访。某些价值较高的商品，在运送途中可能会出现一定的磕碰损毁现象，比如家具或者电子产品等。如果客户购买了这类产品，并且选择了送货服务，那么，销售人员就一定要记得对客户进行送货情况的确认和回访。这不仅能让客户感受到你的贴心和关怀，帮助你赢得客户的信任，更能在第一时间了解产品的情况，处理可能发生的意外状况。

第三，选择恰当的致电时间。我们之所以展开售后跟进服务，是为了让客户感受到我们的贴心和关怀，而不是打扰客户。所以，在给客户致电的时候，一定要选择好时机，避开客户比较忙碌的时间段。比如，很多电话销售员都会选择在晚饭时间致电客户，或者在白天致电留下口信，将售后服务的控制权直接交给客户。

第四，保持专业水准。很多销售人员为了维护与客户之间的关系，通常会在某些特殊的日子或者在客户购买了某种产品之后，给其寄送明信片表示问候。这样既不会显得唐突，又能让客户感受到亲切的关怀。需要注意的是，在采用明信片与客户联系的时候，书写的内容一定要谨慎，保持专业的水准。因为这些内容很可能会被其他人看到。而且，销售人员与客户之间也需要注意保持适当的距离，过分亲昵、随意的言辞很可能会让客户感到不舒服。

第五，点到为止，不要造成打扰。售后跟进服务的一大宗旨就是，必须让客户感到愉快。

在交易结束后，一通简短而负责的回访是客户能够接受的。偶尔与客户联系，送上有用的优惠活动信息，通常也不会引起客户的反感。但如果联系过于频繁，硬生生地把售后跟进服务变成电话推销，那恐怕就很难让客户保持愉快的心情了。所以，在进行售后跟进服务时，一定要注意点到即止，不要打扰客户的工作和生活，以免引起客户的反感，最终适得其反。

第六，优惠提醒。很多商家都会不定期地进行一些优惠推广活动。在这种时候，销售人员如果能够主动提醒客户，并主动向其赠送活动优惠券，那么，将会很容易赢得客户的好感。这会让客户感觉自己很受重视。同时，这也是一种很好的宣传。

第七，针对性宣传。做好售后服务能够为我们带来的一大收益就是加强与客

户之间的联系。要实现这一点，我们就要学会重视客户的需求，让客户能切实地感受到我们对他的关注。比如，很多销售人员通常都会为客户建立资料档案，记录客户的购买习惯和感兴趣的商品，并及时向客户推送相关的新产品信息。对于那些客户曾经感兴趣，但由于缺货或其他原因导致客户未能如愿购买的产品，一旦到货，无论客户是否还需要，销售人员都会第一时间告知客户。

第七章

适合自己承受极限的时间管理

我们要求自己勤奋，要求自己努力，严格管理自己的时间，但我们终究不是机器。我们也会疲惫，也会有注意力不能集中，甚至是关键时刻掉链子的情况。时间管理，能够让我们避免在尴尬的状态下与客户见面，避免因为一次失误就与成交擦肩而过。

销售最怕“别着劲儿”工作

不管做什么事情，想要成功，就得有韧性，有一种永不言弃的精神——类似这样的话，想必每个人都听得不少。尤其是做销售员的，从踏入这行开始，大概就已经有无数前辈耳提面命地告诉过你，想要做好这行，就必须经得住打击，敢于迎难而上，胆大心细，脸皮厚，等等。

确实，缺乏韧劲儿，不管做什么都是不会成功的。毕竟通往成功的道路从来不会一帆风顺。挺不过黎明前的黑暗，就只能在曙光之前止步，在失败与挫折中倒下。但需要注意的是，在发挥“韧劲儿”之前，我们必须首先确保自己坚持的方向和目标是正确的，是有价值的。否则，这种“韧劲儿”只会让我们在黑暗中越陷越深，距离成功的曙光越来越远。

陈伟是个特别有韧劲儿的年轻人。他是农村出身，从小到大受过不少苦。这样的经历铸就了他坚毅和固执的性格。

刚做销售员的时候，陈伟和众多刚踏入社会的年轻人一起培训。培训老师曾经告诉他们，做这行一定得“胆大，心细，脸皮厚”，敢于争取客户，善于取悦客户，更重要的是，永远不要害怕“被拒绝”。

陈伟的韧劲儿是许多同龄人都比不过的。当许多人在一次次的受挫中离开时，陈伟却不曾有过丝毫的动摇。他的确把自己的固执和坚持发挥到了极致。为了一张订单，他甚至可以几天几夜不眠不休。对于陈伟这样认真努力的工作态度，领导自然是赞赏不已。但很快，陈伟身上存在的弊端也逐渐地暴露出来了。

或许是性格使然，陈伟对自己经手的每一笔订单似乎都存在着某种偏执。每认准一个客户，他就要一往无前地去“拿下”对方，丝毫不考虑付出与收获之间的“性价比”。这样的结果就是，明明陈伟是公司最拼命也最努力的，但却始终业绩平平。

带陈伟入行的师傅是公司经验最丰富的金牌销售员老李。在得知陈伟的情况后，老李和陈伟进行了一番谈话。老李告诉陈伟，做销售员，一定得学会选择，懂得放弃。一个好的销售员，不是要做成每一笔生意，而是要力求让自己手上的生意实现利益最大化。

其实，这并不难理解。就好比你手上有一张一百万的订单，为了促成这笔订单，你可能花费了三个月的时间。但如果你放弃这张订单，转而利用这三个月的时间，完成了另外三笔五十万的订单，那么，你的订单总额就能达到一百五十万。这显然比你用三个月的时间去攻克那张一百万的订单更加划算。

当然，这只是举个例子。在现实的销售工作中，我们需要考虑到的因素更多，也更复杂，而不仅仅是哪个订单的数额更大。举这个例子，只是想说明一点，那就是做销售工作的时候，要懂得权衡和放弃。人的时间与精力毕竟都是有限的。只有做好选择，把时间与精力投入到“性价比”高的生意上，我们才能实现利益最大化。

我们鼓励年轻人做事要有韧劲儿，要懂得坚持，但韧劲儿和坚持，并不等于“别着劲儿”。尤其是做销售，最怕的就是“别着劲儿”工作，一股脑地光想着“实现目标”，却忘记了权衡利弊。

在很多领域，“不达目的不放弃”的精神或许是值得提倡的，但在销售界，这样的坚持很多时候其实是非常愚蠢的。比起这种固执的坚持，做销售工作的人更重要的是要懂得审时度势，权衡利弊，然后灵活变通。因为促成一笔订单并不是我们的最终目的，我们做销售的最终目的永远只有一个，那就是获得最大的利润。

在谈论销售的时候，很多人可能都听过这样一种说法：销售就是销售员与客户之间的意志比拼，谁能坚持到最后，谁就是胜利者。不可否认，这种说法确实是有一定道理的，尤其是在面对一些摇摆不定的客户时，多坚持一秒，或许就能赢得最终的胜利。但需要注意的是，并非每一单生意都会因为坚持而能获得好的效果。在坚持之前，我们更应该做的是理性的评估与判断。

某个以野外生存为主题的综艺节目讲过这样一个事情：当遭遇雪崩被埋后，我们首先应该做的，是吐一口唾沫，利用地球引力来确认一下哪个方向才是“上”，然后再挖。否则，很可能因找不到方向而做无用功，甚至把自己越埋越深。同样，我们做销售员也是这样，不管是坚持，还是努力，都应该首先确认好方向和目标，以避免自己的努力付诸东流，甚至南辕北辙。

人都是有情绪的。很多时候，当你对一个订单投入了一定的时间与精力之后，即便理智上可能发现这个订单已经不值得再继续坚持了，但心理上却会觉得不甘心，甚至“别着劲儿”地非要拿下这笔订单，以此来证明自己。然而，放弃错误的坚持，本身就是在止损。相反，明明已经踏上了错误的道路，却因为执念而不肯放弃，只会让你损失更多。

坚持与放弃之间，并不是完全对立或矛盾的。坚持是一种顽强的精神，但想要让坚持变得有价值，我们就必须学会放弃。在销售中，想要把握住成功，就必须衡量好坚持与放弃。只有把握好了分寸，我们才能少走弯路，恰到好处地在坚持中学会理智地放弃，从而更容易，也更有效地提升自己的业绩。

在销售中，当你面临选择与放弃的时候，如果无法果断地做出决定，那么，不妨想一想以下这几个方面。

第一，选择放弃是为了更好地前行。要想提升销售业绩，时间的合理分配是极其重要的。你在一笔订单上多花了多少时间，那么，在另外的订单上就势必会少花多少时间。所以，想要提升业绩，我们就必须懂得将时间进行合理的分配，让花出去的时间能够充分变现，创造最大的收益。简单来说，就是放弃那些性价比较低的订单，尽可能抓住那些性价比较高的订单，这样才能有效地提升销售业绩。

第二，及时止损才是最明智的选择。对于“放弃”这件事，很多人都有一种错误的认知，觉得放弃就是知难而退，是懦弱的表现。所以哪怕已经筋疲力尽，却依然要别着劲儿往前走。

其实，这种观念是不对的。因惧怕困难而放弃，确实是一种懦弱，但为了及时止损而放弃，却绝对是一种明智的选择。要知道，无论做什么事情，通往成功的道路都不会只有一条，适当的时候变换一下思路，转换一下方向，反而可能找到新的出路。

第三，敢于放弃是勇敢的体现。敢于坚持是一种勇敢，同样，敢于放弃也是一种勇敢。

当我们面对诸多不可为之事时，能够理智思考，及时止损，绝对是明智之举。很多时候，只有果断地放弃，我们才能拥有更多从容的选择，才能更加轻松地投入新的销售活动中，从而获得新的发现与转机。

以最好的状态面对客户

做销售，推销的不仅仅是商品，还有销售员自己。否则，在同一个公司里，推销同样的产品，又怎么会有人业绩一路飙升，有人却连一张订单都签不下来呢？所以说，做销售，除了产品之外，销售员的个人魅力实际上也是重要的“商品”之一。

这其实不难理解，试想一下，某天你的门被敲响，打开门后，出现在你面前的是一个风趣、热情、诚恳的陌生人，请求与你进行几分钟的交谈，假如你并不

是那么忙碌，相信你大概不会拒绝给这样的人一个机会。但如果你打开门后，看到的是一个满脸疲惫、胆小畏缩的家伙，那么，即便你闲得无所事事，恐怕也不会有太多的欲望想要和这个状态不好的人进行交谈吧？

我们做销售，很多时候都是需要和陌生人打交道的。而想要从陌生人那里获得机会，让他们愿意将一些时间花费在我们身上，我们就必须保证能给对方一个良好的第一印象。否则，即便我们能说会道，但是，如果客户连“说”的机会都没有给我们的话，还谈什么销售呢？因此，作为一名销售人员，无论何时都应该谨记一条原则：时刻以最好的状态去面对客户。

这句话说起来容易，想要真正做到却不容易。做销售的人都知道，干这行想要出人头地，势必需要承受比其他大多数行业更大的压力。对于一位优秀的销售人员来说，上班与下班之间几乎没有明显的分割线，只要有商机、有客户，你就必须展开工作。因为你永远都不知道，这一时的松懈是否会让你错失巨大的宝藏。所以，很多对成功有着深切渴望的销售人员总是会不自觉地把自己逼得越来越紧，让自己在越来越沉重的负荷中忙得焦头烂额。这样一来，状态自然不可能时时都保持最佳。

诚然，业绩都是拼出来的。可是，作为一名销售人员，如果不能时刻在客户面前保持最佳状态，那么，势必也会对我们的销售造成负面影响。久而久之，就会形成恶性循环。

对此，销售员孟洁深有体会。孟洁干销售这行已经三年多了，一直稳扎稳打，各方面的经验都非常丰富。眼看年纪越来越大，家里也一直在催着她结婚，孟洁不免有些着急，总希望能在结婚之前再在事业上拼一把，让自己更上一层楼。毕竟一旦踏入婚姻生活，为了维持家庭的和谐，扛起家庭的责任，必然不能再像现在这样随时开启“拼命”模式。

有了这一想法之后，孟洁比从前更努力了，就连休息日也几乎都是奔忙在见客户、谈订单的路上，连一丁点儿休息和放松的时间都没有留给自己。

很快，一个机会来了。孟洁收到消息，国外某公司要大批量采购一批设备，目前锁定了几家公司的产品。而且，孟洁所在的公司也在考察行列。只要能顺利地拿下这笔订单，在接下来的升职考核中，孟洁就能拥有更多的筹码。更为幸运的是，该公司负责采购事宜的陈女士还曾经和孟洁打过交道，双方也算是“脸熟”，有一定的交情。

然而，令人意外的是，本以为胜券在握的孟洁最终却未能顺利地拿下这笔订单。后来，在陈女士离开之前，孟洁和她见了一面。孟洁很想知道自己究竟输在了哪里。结果，陈女士告诉她，事实上，她一开始本是更倾向于与孟洁公司合作的。但在几次接触的过程中，她发现孟洁的状态非常不好，有一次甚至连衬衫上沾了口红都没有注意到。陈女士表示，她很担忧孟洁的状态会对彼此的合作造成不好的影响，而且，她必须为公司负责。

这一答案让孟洁很是惊诧。这段时间以来，她一直在逼迫自己忍受着高强度的工作，压榨着自己的每一分钟。即便已经感受到了身体与精神的疲惫，她也始终咬牙坚持着。可没想到的是，最终让自己失去订单的，却正是这种高强度工作下的疲惫状态。

所以，请记住，销售人员也是产品的一部分。我们向客户推介、展示的，不仅是手中的产品，更是我们自己。要想让客户安心、放心，就一定要记住，时刻用最好的状况来面对客户。不要本末倒置，失去原本唾手可得的胜利果实。

然而，想要在销售行业做出成绩，我们势必要付出更多的努力和汗水。可若是付出的努力与汗水远远超过了我们所能承受的范围，势必又会对我们自身的状况造成不好的影响，从而反过来影响我们的销售业绩。那么，这个问题是不是就无解了呢?

其实，情况未必像我们想象的那样悲观。看一看销售行业中那些优秀的销售员，他们在创造了一次又一次销售奇迹的同时，不是始终能够在工作上游刃有余吗？而能够做到这一切，并不是因为他们比其他人更聪明或更好运，而是因为他

们比其他人更加懂得管理和利用自己的时间，将那些容易被人浪费或忽略的时间有效地整合起来，创造巨大的价值。

某网站就曾针对某公司的销售人员做过一项调查研究，发现这些销售人员在日常工作中，投入到有效销售工作上的时间实际上只有 10%，而处理行政类事务的时间则占了 31%，旅途耗时占了 18%，处理私人事务的时间占了 17%，帮助客户处理杂事的时间占了 14%，在市场开发或客户开发工作中因各种安排问题而浪费的时间至少占 10%。

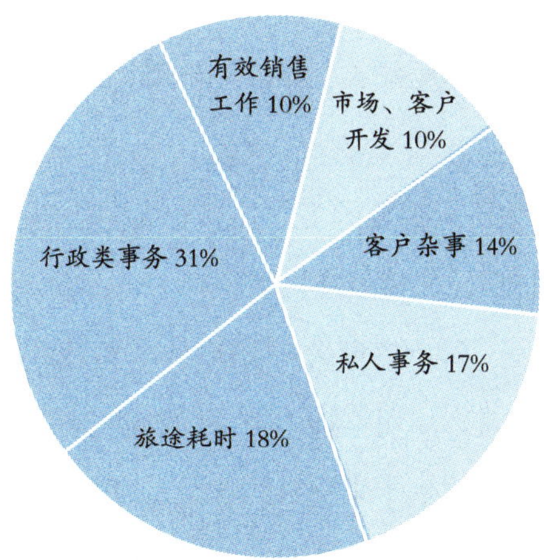

图 7.1　销售人员时间分配比例

可见，很多时候，我们所谓的“焦头烂额”实际上都存在着很多的“水分”。归根结底，造成这种“虚忙”状况的原因，就是时间管理存在问题。换而言之，要想让自己随时都精神饱满地保持最佳状态，摆脱“瞎忙”的困扰，就得提高工作效率，加强对时间的管理，从而提高时间使用的效率。

在实际的销售工作中，为了更好地管理、支配时间，我们可以考虑从以下几个方面入手。

第一，合理规划时间。对于销售人员来说，养成制订工作计划的习惯是合理规划时间的第一步。

要想实现时间的高效利用，我们就必须在开展一天的工作以前，就对自己这一整天需要完成的工作进行一个合理的规划与安排，确保让每一分钟都不会浪费。

要做好时间的合理规划，有以下几个问题需要注意。

首先，要学会对自己一天的工作进行量化。今天你需要做哪些事情，以及需要把这些事情做到何种程度，这两点必须做到心中有数。然后，才能根据工作的重要程度和难易程度来进行合理安排。

其次，在工作安排时，不要在同一时间段内制定多重目标，以免分散自己的精力。只有把时间与精力都集中起来，做好一件事之后再考虑下一件事，才能保证工作效率。

最后，学会放弃那些不太重要的工作。只有懂得给自己“减负”，才能保证时刻都有足够的精力来让自己保持最佳状态。

第二，有效管理时间。计划的意义在于执行，一旦做好工作安排，我们就必须按照计划不折不扣地推进，尽可能地不被外界影响，这样计划才有意义。虽然在工作之中，我们不可能预料到未来所有的状况，也总会遇到一些打乱计划的突发情况，但这种“意外”肯定不会一直发生。只要坚持一段时间之后，各项工作必然都会逐渐走上正轨。

第三，积攒零碎时间。作为一名销售人员，很多时候我们都奔赴在前去见客户的路途中，或在会客室里等待客户，而这部分时间往往是被浪费掉的。虽然这些时间看上去很零碎，似乎也做不了什么，但如果能将它们充分地利用起来，用以了解行业动态，或学习产品知识，提升专业技能，等等，坚持下去，日积月累，你一定会受益匪浅。

第四，高效压缩时间。做什么工作，效率都是决定成就的关键，做销售同样如此。你的工作效率比别人高，那么，在相同的时间内，你所能做的事情就会比别人更多，你的业绩自然也就会比别人更好。

所以，想要提升业绩，我们应该把重点放在如何提升工作效率上，而不是延长工作时间。而想要提升工作效率，关键就在于提高自己的业务水平和业务能力。只有自己能力强了，在做事的时候才能游刃有余，得心应手。

烦琐小事，集中处理

入行久了之后，很多人都会发现，做销售这行，最困扰我们的往往不是什么难度大的工作，而是那些永远也处理不完的琐碎小事。这些琐碎的事情处理起来似乎没什么难度，也不需要我们花费多少精力，但一整天下来，回过头去看，你就会发现，许多不知不觉被浪费掉的时间，其实都是消磨在了这些小事中。

我们不喜欢烦琐的事情，但又不得不承认，无论工作还是生活，处处充斥着各种各样的琐事。这些琐事处理起来会浪费时间，但如果不处理，又可能对我们的工作与生活造成不良影响。比如拿快递，回邮件，安抚暴躁的客户，帮同事解决一些小问题，等等。

对于这些烦琐的小事情，我们不可能放任不管，但如果说要放下手头重要的工作，转而去解决它们，显然也是非常不明智的。在做某件事情的时候，我们的大脑就像电脑在运行着某个程序，如果我们总是被琐事打断思路，就好像电脑不断地重启，然后再重新打开这个程序一样，中间白白地消耗了不少时间，久而久之必然会影响到运行的速度。

试想一下，你正在做一份产品推广计划，突然领导需要你给他送一份文件。你只能停下来，在凌乱的办公桌上乱翻一气，找到文件给领导送走之后，又开始从头整理思路写计划。写到一半，同事又来了，告诉你某份合同出了一点儿问题，需要你看一下。于是，你只能再次停下笔。处理完合同的事情后，继续回到推广计划上，再次从头整理思路。没过多久，一位客户突然打电话过来，让你帮忙处理之前一笔订单的问题。于是，你再次停下，并在忙乱中和客户约定面谈的时间……

最终，你的推广计划可能并没有在当天完成。也可能你咬牙加班到深夜，才终于按照原定计划完成了自己的工作。但回过头想一想，其实一整天下来，你有很多时间都是白白浪费掉的。如果这些时间没有在无意义的琐碎事情上消磨掉，你或许完全不需要加班，就能轻轻松松、游刃有余地完成你的工作。

比如，假设你在上班之前就把自己的办公桌收拾得整整齐齐，条理分明，那么，你完全可以省去一切翻找东西的时间。假设你在做推广计划的时候一心一意，不被其他事情打断，那么，你完全不需要一次次地重新整理思路。而事实上，这些都是你可以做到的。你可以安排好自己的时间，可以把所有烦琐的事情都限定在某一个时间段来处理，甚至在需要出去见客户的时候，根据一天的行程来给自己规划一条最省时、省力的路线。

凯文是某企业的高管。在被老板委以重任，开始负责两个部门之后，他发现自己每天需要签字的文件越来越多，手头上处理的事情常常会被秘书打断，然后递给他一摞文件来让他签字。经过一段时间的观察之后，凯文还发现，因为不少文件需要签字，许多员工每天都会拿着各种报告、单据去找相关部门的负责人，有时候一天甚至会跑两三次。

有一次，凯文正在做一个新产品的推广计划时，秘书又拿着一份需要签字的文件过来打断了他。凯文便问秘书："假如今天我去会见客户，或者出差不在公司，没有办法签字，那么，这份文件该怎么办呢？"

秘书回答说："如果是异常处理单，需要找代理人签字，否则，会影响到生产和物料问题的处理。但如果是其他文件，可以等明天甚至后天你回来之后再处理。"

凯文点点头，吩咐秘书："很好，以后把所有需要签字的文件都事先整理好，

哪些是需要立刻处理的，哪些是需要当天处理的，哪些是可以等一等，三天或者一周处理一次的。分好类之后，再根据具体的情况，把它们都集中起来交给我。其他人也一样，所有需要签字的文件，都集中在一个时段进行统一处理，争取不超过 10 分钟。”

“改革”之后，凯文的工作效率果然提升了很多。而且，不论每天有多少文件或票据需要签字，员工们也都只需要集中起来跑一次相关部门就行了，节省了不少时间。

将琐碎的事情集中起来进行统一整理，无论对于相关部门，还是员工个人来说，都是极其有益的。至少可以帮助大家节省许多浪费的时间。现在很多公司的管理人员其实也都在用这样的方式处理不少烦琐事宜。比如，在每周固定的时间统一处理邮件或信件，每天固定的时段集中处理员工意见或客户反馈，等等。只要在工作中确保责任清晰，流程规范，许多烦琐的事情拖延一时半刻，实际上对正常工作也不会造成任何影响。

那么，既然对于那些烦琐的小事，集中处理是最好的时间管理方式，我们具体又应该怎么做呢?

第一，把一切烦琐的小事都集中放到最后去解决。如果我们没有充足的时间处理完所有工作，那么，相比那些重要且必要的工作来说，应该放弃的自然是那些不重要的烦琐小事。所以，在安排工作的时候，不妨将所有需要处理的烦琐小事都集中起来，放到最后去解决。比如，可以考虑在下班前拿出一段时间来专门解决这些问题。

第二，把解决事情的时间控制在一定范围内。我们都希望能把一切事情都处理得尽善尽美，但要做到这一点，就不可避免地需要投入大量的时间与精力。

但我们能够投入到工作上的时间与精力都是有限的，想要高效率地完成工作，我们就不得不做一些取舍。比如，那些不重要的烦琐小事，在处理时就没必要投入过多的时间与精力。通常来说，集中处理烦琐小事的时间最好不要超过 45

分钟，能够控制在 30 分钟以内是最理想的。而且，如果不把时间控制好，也很容易养成拖延的毛病，甚至影响其他更重要的工作。

第三，理智地进行选择和分析，将一些不必要的事情适当拖延或放弃。虽然说“今日事今日毕”，但对于一些没有明确时间限制的烦琐小事，在经过理智的选择和分析后，我们是完全可以适当地拖延一下，将它们集中到某一天统一处理。比如，订几天以后的火车票或飞机票，安排几天以后的酒店或聚餐活动，等等。

找到销售过程中的“加油点”

打游戏的时候，谁也不会一直用“大招”去对付敌人。因为虽然“大招”是最厉害的，但考虑到种种技能限制，我们不可能一直不间断地使出“大招”，而是必须配合各种不同的招式，寻找最合适的时刻，然后，再“一击必杀”。同样，做销售也是如此。不管我们有多么想促成交易，也不能从一开始就一刻不停地给客户“施压”。这样不仅无法实现目的，而且可能会引起客户的提防和反感，导致交易失败。

在面对陌生人的时候，不管是谁，最初的态度必然都会充满防备，这是人之常情。而我们做销售，其实就是一个瓦解客户心防，获取客户信任的过程。想要让客户接受我们的产品，我们就必须先取信于客户，让客户相信我们，愿意倾听我们的推介。这是一个逐渐变化的过程，不是一蹴而就的。在这个过程中，我们需要做的，是寻找一个恰当的心理时机来促成交易。这个时机，就是销售过程中的“加油点”，也是我们释放“大招”的信号。

很多时候，有的销售人员之所以得不到订单，并不是因为产品不好，或者他

们不够努力，而是他们不懂得把握销售的节奏，不能找准促成交易最重要的那个关键点和“加油点”，以致把力气浪费在了没用的地方。

比如，有的销售人员，一到客户面前就会展露出自己的推销意图。结果他还没说几句话，就被客户拒之门外。而有的销售人员喋喋不休地和客户说了一大堆，却完全没有注意到客户的心理变化，直接错过了促成交易的最佳时机。结果你的这一失误直接导致客户被他人捷足先登了。很显然，二者的失败，归根结底，都在于他们没有真正找准销售过程中的“加油点”，没能把握住最佳时机，攻破客户的心防。

有人可能会说：“我又不会读心术，怎能知道客户在想什么，什么时候才是‘加油点’，可以促进成交呢？”其实，客户的购买信号通常是可以预测到的。当客户对我们放下防备，并对我们推介的产品产生购买意愿，或萌生不十分确定的购买意向时，往往会不自觉地通过行动、言语、表情、姿势等信息反映出来。只要我们仔细观察，就一定能够抓住这个“最佳时机”。所以我们常说，一名优秀的销售人员，必然应具备敏锐的业务眼光，从而洞悉客户的心意，掌控销售的节奏。

通常来说，只有在销售人员与客户之间建立起良好的信任关系之后，客户才会产生积极的反应。只有当销售人员所谈及的内容确实引起客户的兴趣后，客户才会真正萌生有兴趣购买的信号。而这一信号的产生正是我们所说的“加油点”。在这个时候，客户的心理其实是摇摆不定的。销售人员只要加大力度，适当施压，就有很大的可能促成交易。但如果销售人员没有注意到这个特殊的时刻，那么，客户在购买冲动冷却之后，很可能又会回落到最初的状态。所以我们才说，要促成交易，就得学会时刻把握客户的心理变化，注意客户发出的“积极信号”。

在这里，我们分享一个成功的销售案例。

一家公司的销售人员小罗在做了大量的电话沟通工作之后，终于成功取得了客户李先生的初步信任，争取到了一个前往公司和李先生面谈的机会。

按照之前的约定，小罗带了几个样品前往李先生的公司，一边向他展示，一边详细地讲解。在讲解过程中，小罗注意到，李先生似乎对这些样品中的一个很感兴趣，拿在手中端详的时间要比其他样品长得多。于是，小罗便又针对这件样品对李先生进行了更为深入的讲解。

讲解结束后，李先生果然向小罗要了那件样品的详细说明书，并针对这件样品一些技术标准方面的问题和小罗进行了深入的探讨。与此同时，小罗注意到，李先生在听他介绍这个样品的情况时，身体一直微微前倾，并不时地把这件样品放在手里把玩、观察。

看到这种状况，有着多年销售经验的小罗立即意识到，李先生对这件样品已经非常满意了。这个时候，他只要能把握时机，适当“加油”，便能迅速拿下这笔交易。于是，小罗赶紧掏出早已经准备好的合同，递到了李先生面前，微笑着说：“看得出您对这款产品还是非常满意的。这是根据我们之前在电话里谈好的内容拟定的合同。您看一看，没什么问题的话只要在这里签字就好了。下午，我就可以帮您安排出货的事宜。”

李先生想了想，又补问了一句：“你们公司的售后服务怎样？”

小罗赶紧一边把笔递给李先生，一边热情地回答：“您可以放心，我们公司的售后服务绝对是一流水平。要是遇到什么问题，您也可以直接联系我。您看，有关售后服务的内容合同上都已经注明了，您可以绝对放心。”

最终，客户签字，销售人员小罗顺利地拿下订单。

从这个案例中可以看到，销售人员促成交易的一系列行动其实都是有“套路”可循的。

首先，通过大量的电话沟通，和客户建立一定程度的信任关系。

其次，在争取到客户的初步信任，并赢得见面的机会之后，并没有急于表达促成交易的意思，而是把重点放在向客户介绍和展示产品上。

最后，在介绍和展示产品的过程中，通过客户反馈的语言信号和身体信号，迅速而准确地把握住销售的“加油点”，在客户刚刚萌生购买欲的时刻直接拿出合同，向客户强势推介，最终顺利地拿下客户。

要知道，虽然销售人员的一切活动都是围绕实现成交这一目标来展开的，但如果把控不好与客户的沟通节奏，那么，即便你在营销活动开展之前已经做了充足的准备，在营销过程中也已经竭尽所能地向客户说明产品的可靠性与高质量，但是，这并不意味着你就一定能实现成交目的。这样的情况在销售中并不罕见。而造成这一结果最关键的原因，其实就在于销售人员没有把握住机会，没有抓住客户产生购买冲动的关键点。

所以请记住，想要促成交易，在与客户沟通的过程中，销售人员就必须仔细观察，时刻警醒。一旦客户发出积极的购买信息，销售员便主动出击，采取积极的行动，在关键的“加油点”推动客户购买，从而促成订单。

遭遇“极限时间”怎么办？

任何东西的承受力都是有“极限”的，人也不例外。无论你有多么希望把自己所有的时间都奉献给工作，但是，也不可能无限制地透支自己。一旦超过自己所能承受的工作“极限时间”，不仅会对自己的身体造成不可逆转的伤害，同时，也可能导致工作出现失误，甚至将自己之前的努力全都毁于一旦。

美国 IMG 公司曾经聘用了一位非常能干的女强人，让她专门负责发掘高尔夫球和网球新星。她是位精力充沛的女士，几乎将所有的时间都奉献给了工作。对她来说，事业的成功几乎胜过一切。

有一次，她看中了美国西岸的一个网球选手，认为这个人有着巨大的潜力。

因此，她决定把对方招募进 IMG 公司。事实上，那段时间她非常忙碌，每天至少要在纽约的办公室里待上 12 个小时。但为了这个深得她赏识的明日之星，她依旧决定要在百忙之中抽出时间亲自去招揽这个人。

为了打动那位网球选手，她经常打电话到加州关心对方的受训情况。每当对方在欧洲有赛事时，她还会趁着出差的机会前去探望，甚至亲自为对方打理日常事务。为了不影响日常工作，她有好几次连续一周都没合过眼，不是忙着飞来飞去，就是处理手边积压的报告。

不幸的事情最终还是发生了。那是在法国公开赛的时候。按照原定的行程，公司并没有安排她出席这场比赛，但为了进一步维系与那位网球选手的关系，她最终还是说服主管，让她亲自到场，并许诺她会在出发前将手头上要紧的公务全部处理完毕。结果，为了兑现这一承诺，她又是接连几个晚上都没合眼。

在登上飞往巴黎的飞机时，极度的疲劳已经让这位积极能干的女士变得思维混乱、反应迟钝了，但她自己却还没有反应过来。她只是向空姐要了一杯黑咖啡，试图让自己重新振作精神，继续挑战身体和心理的“极限”。

抵达巴黎的当天，几乎没有休息，她便忙着奔赴为选手、新闻界和特别来宾举行的宴会，并热情地和那位网球选手打招呼，不时地给他引荐一些重要的人物。当时，瑞典名将柏格也在宴会上。他刚好也是 IMG 公司的客户之一，同时也是那位年轻网球选手的偶像。于是，她便善解人意地将这位选手带到了柏格面前，准备介绍他们互相认识。

令人难堪的事情就是在这时发生的。当她准备当着一群记者向柏格引荐这位选手的时候，她的大脑突然一片空白，她居然把这位选手的名字给忘记了！虽然柏格有风度地打圆场，为其化解了尴尬，但很显然，她的失误深深地伤害了那位年轻的网球选手。她也因此失去了对方的信任。

后来，那位年轻的网球选手果然成为明日之星，打入世界排名前十位。但可

惜的是，那位女强人早已因为一次意外的失误而错失了这位大客户，并让自己之前所做的努力全部付诸东流。

这位女强人的失误可以说是意外，但也可以说是一种必然。人在精神饱满的时候，无论做什么事情，效率都会大幅度地提高。而随着时间的推移，在投入工作的过程中，人便会不可避免地逐渐滋生疲劳和厌倦。这些负面的状态会让我们做事的效率逐渐降低。在这个过程中，我们将会逐渐感受到“极限”。到了这个时候，如果我们还是强撑着，甚至借助一些手段，比如咖啡或提神饮料等，来强迫自己继续工作，那么，我们的身体机能必然就会受到损伤，久而久之，甚至可能出现失眠、健忘等症状。

正所谓“磨刀不误砍柴工”，在你为了工作而不断地透支体力的时候，实际上就如同拿着一把生锈的柴刀砍柴，费时费力，效率很低。当然，做销售这一行，很多时候我们都是身不由己，明明知道已经到了自己所能承受的工作“极限时间”，可眼前的状况却又由不得我们立即抽身而退。那么，在这种时候，我们又该怎么办呢?

当你收到身体发出的“极限”警告，却又一时脱不了身时，下面这些忙里偷闲的小技巧或许能够帮助你适当地缓解一定的疲劳，帮助你延长一点“极限时间”。

第一，闭眼冥想。如果你实在没有足够的时间来补充睡眠，那么，不妨在工作间隙留出一小段时间来闭上眼睛，放松你的大脑。可以试着在脑海中回想一些愉快的经历，或一些能让你感到舒心和平静的事情，让你那劳累的大脑平静下来。

第二，握拳放松。长时间的工作，想必已经让你肌肉紧绷，身体僵直了。试着握紧你的拳头，并将双手交叉于身前，心中默数十个数，感受到手和上肢肌肉的紧张感后，再立即松开拳头，放松双手。反复进行几次之后，你会发现，身体的紧绷感与疲惫感已得到了有效的缓解和放松。

第三，大口吸气。当你感觉思维开始变得混乱时，说明你的大脑已经非常疲惫了。此时，试着放松你的身体，然后大口吸气，再慢慢地将肺部的气体全部排出。交替进行几次之后，你就会发现身体逐渐摆脱了沉重感，混乱的思维也能得到片刻的清晰。

第四，左右猜拳。用你的左手和右手做出剪刀、石头、布的猜拳动作，这能够帮助你的手部得到有效的伸展与放松。不管是在公司开会，还是在约见客户的时候，你都可以一边发表意见，一边在桌子下面偷偷地进行这项活动，使自己获得放松。

第五，刮按放松。用你右手的拇指和食指用力按住下巴，除了小指之外的其他指头慢慢地揉搓下巴的肌肉，重复刮按，让身体和肌肉渐渐地放松。

当然，对抗疲劳最好的方法还是休息。敢于挑战极限的人是值得敬佩的，但如果不顾及自身状况，一味地挑战自己的极限，压榨自己的体力，那就无异于杀鸡取卵了。注意，不要超越你的“极限时间”。松弛有度，劳逸结合，这才是提高工作效率的长久之道。

销售的四象限时间管理

很多刚入行的销售人员都会有这样的感觉：日常工作事务繁多，不知道应该先做什么；兜兜转转一整天，大部分时间都花费在了奔波的路途上，客户却没见几个；明明已经忙得脚不沾地，回过头想想，实实在在的事情却似乎没做多少……当你感觉自己每天的工作都是处于这种状态时，你所缺少的其实并不是时间，而是科学的时间管理。

说起时间管理，就不得不提到一个非常著名的四象限理论。这是美国著名的

管理学家史蒂芬·柯维提出的时间管理理论，也是每一位职场高效人士都耳熟能详的时间管理法则。这个理论陈述起来很简单，就是说我们在安排工作时间的时候，应该有重点地把主要精力和时间集中放在处理那些重要但不紧急的工作上，这样可以让我们未雨绸缪，防患于未然。

虽然职场人士都对四象限时间管理法则有一定的了解，但大多数人并没有真正理解这一法则的内涵，只是生搬硬套地按照个人意愿，将生活与工作中的事情“对号入座”。当然，这种生硬的“对号入座”在一定程度上对我们的时间计划与安排也是有所帮助的。但从长远来说，要想让这一法则实现其真正的价值，我们就必须从本质上理解这一法则，从而运用这一法则来帮助我们更加有效地管理时间。

在运用四象限时间管理法则之前，我们首先要做的一件事就是：树立一个可量化、可拆分的明确目标。这是必不可少的。任何一个计划的展开都是为实现最终目标服务的。没有目标，计划就没有意义。就好像赛跑，你必须先有一个明确的终点，我们才能知道应该往哪里跑。如果没有终点，那么赛跑也就毫无意义了。

什么叫可量化、可拆分的目标呢？举个例子，比如你是一名产品经理，你给自己定的目标如果是“我要升职加薪”或者“我要成为公司最优秀的产品经理”，这样的目标就是非常模糊的，没有办法进行量化和拆分。不管是升职加薪，还是优秀与否，这都是一个笼统的概述。但如果你定的目标是诸如“我要把某款产品的用户群发展到至少百万级别”，这样的目标显然就非常明确了。你完全可以将其拆解成一个个阶段性的小目标，并规定实现小目标的具体时间，然后再一步步地做出详细的计划。

有了具体目标之后，我们就可以是否有助于实现目标为依据，来为每天要做的具体事情进行分类和归纳了。

四象限时间管理法则，主要是根据两个维度的变量将事情划分为四个区间。

这两个维度的变量分别是：重要性和紧急性。根据这两个变量，我们可以把要做的事情归为四类：第一象限是既重要又紧急的事情；第二象限是重要但不紧急的事情；第三象限是紧急但不重要的事情；第四象限是不重要也不紧急的事情。

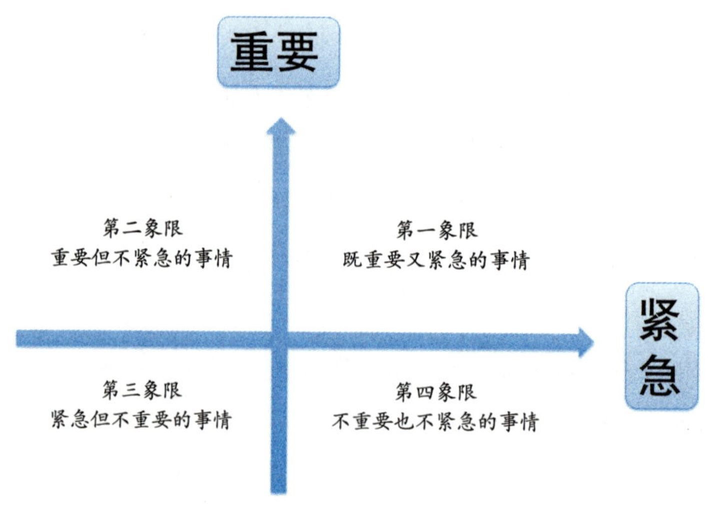

图 7.2 四象限时间管理

先说两个维度的变量。

此前说过，我们制订一切计划，都是为实现目标服务的。因此，在进行工作的分类和归纳时，要判断一件事情的重要性，最重要的判断标准就是这件事与我们所设定的目标是否吻合。吻合度越高，这件事就越重要。比如，如果你做的是普通的文职工作，那么处理客户发出的邀请函，对你来说就不算是太重要的事情。因为与客户打交道与你的工作相关性不大。但假如你是一名销售人员，那么处理客户发出的邀请函这件事就会变得重要得多，甚至可能直接影响到你之后的业务开展状况。至于紧急性的判定，可以遵循三个法则：一是确认该事件发起人对时间的要求；二是判断是否可以转移事务性质，争取更多时间；三是坚持少变动原则。

那么，将每天需要做的事情都进行分类与归纳后，我们又该如何来进行时间的分配与管理呢?

第一象限：既重要又紧急的事情。

对于这类事务，自然是需要立即处理的。只是在处理之前，我们最好能再做一个简单的判断，看这些事务中是否有能向第二象限进行转移的。很多人可能觉得这一步有些多此一举，但实际上，这是为了帮助我们培养良好的思维习惯，即遇到紧急重要的事务时，首先思考的是能否为这一事务争取更多的时间。时间越多，我们就越能掌握主动权，能做的准备自然也就越充分。

第二象限：重要但不紧急的事情。

客观来说，放到第二象限的事务对我们未来的工作发展影响应该是最大的，因为这些事务不仅与我们的目标高度吻合，并且往往是已经提前做好计划和充分准备去展开的工作，不论是完成度，还是收益率，都不会低。然而，在现实中，第二象限的事务却往往因受到第一象限和第三象限事务的挤压与阻拦，而使得很多人都无法在这一象限投入足够的时间与精力，甚至影响到这一象限的工作。

这是非常不明智的做法。要知道，很多时候，处理紧急事务所能带给我们的回报率，未必就比那些不紧急却重要的事务要更多。如果仅仅因为一些事务比较紧急，我们就压缩处理重要事务的时间，那么，长远来说，对我们未来的工作开展是极为不利的。所以，在对待第二象限的事务时，我们应该保持一个坚定的态度，不管其他紧急事务如何扑面而来，也绝对不能压缩投入到这一象限事务上的时间与精力。

可以这么说，在四个象限中，第二象限的工作事务绝对是最重要也最能体现时间管理质量的。这也是四象限时间管理法则中必须坚守的第一原则。

第三象限：紧急但不重要的事情。

处理这个象限的事务，是比较纠结的。按照一般的思维习惯，既然是紧急的事务，那么自然应该排在前面去处理。这一象限的事务，虽然紧急，但不是很重要，那么，就意味着这些事务很可能并不是我们既定计划之内的事情，也可能是一些额外附加、不可预见的事情。通常来说，处理这类事务，应当遵循一个原则：可推则推，即便推不掉，也要明确自己的态度。

当然，如果这些事务的确属于你的职权范围，那么，还是要承担起来。但如果因为这些事务而耽误到了真正重要的工作，那就得不偿失了。

第四象限：不重要也不紧急的事情。

对于这一象限的事务，既然不重要，也不紧急，那么自然要放到最后了。总的来说我们处理事情要始终坚持一个原则：价值取向，控制时间。

通常而言，被归类在第四象限的事务，往往是被当作生活和工作中的调剂来看待的。比如，同事之间的聚餐，周末的锻炼计划，某个不算重要的聚会，等等。它们既不重要，也不紧急，那么，是否处理，以及如何处理，便有着极大的自由度了。对于这些事情，我们可以根据自己的价值取向来自由调整和规划。当然，一个重要的前提是，不能让这些事情影响到我们正常的工作与生活。

第八章

把握黄金60分钟，销售工作已完成百分之九十

销售不是拉锯战，更不是长久战。你必须在 60 分钟内让客户做出决定，促成交易。因为这 60 分钟是成交的黄金时间。一旦超过了这个时间，客户的犹豫、异议就会变成拒绝。

无论谈判多久，有效时间只有 60 分钟

俗话说，“商场就是战场”。销售中的谈判就如同两军对垒，销售代表和客户往往需要斗智斗勇，短兵相接。虽然看不到硝烟弥漫的场景，但是其间的紧张激烈，错综复杂，风云变幻，丝毫不比真正的战场逊色。那么，一场谈判如何才能谈成功呢？这是一个值得思考的问题。

不少销售员以为拖住客户的时间越长，对方就越有可能接受自己的观点。的确，新奥尔良码头驳船的故事告诉我们，只要有足够的耐心和毅力，一艘小小的驳船也可以把一艘巨轮拖到大海里去。而不幸的是，你的客户也可能用同样的方法来对付你。那么，谈判就可能会演绎成一场旷日持久的“拉锯战”。如此，在一次谈判当中投入的时间越多，你也就越容易陷入一种被动局面。

为什么会出现这种情况呢？这就涉及“沉没成本”。所谓“沉没成本”，就是已经付出，且不可收回的成本，如时间。当一场谈判拖延太久时，你的潜意识就会冲你发出示警：“我在这次谈判中已经投入了太多的时间。此时，若是空手而归太亏了。一定得谈出点儿结果来！”在这种情况下，你甚至可能会做出一些让步。

比如，你询问客户：“产品是你们自提，还是我们邮寄？价格会有些不同。”对方挥了挥手说：“这不是大问题，我们以后再说。”虽然现在不是大问题，但当你以为谈判已经结束，准备起草最终合同时，对方又会提出压价要求。因为他们知道，迫于时间“沉没成本”的压力，这时你的立场往往会有所松动。

这一点很容易被一些别有用心的客户利用。他们往往会故意拖延谈判时间，在最后 1 分钟提出自己的一些条件，即便他们在刚开始谈判时就可以这样做。

成功的谈判不是拉锯战，而销售更是在预定的时间内完成的推销活动。根据普通人的时间安排和耐心程度，一场谈判无论进行多久，有效时间也只有 60 分钟，时间再多也是无益。所以，当对方告诉你"这件事情没什么大不了的，以后再说吧"时，一定要提醒自己，必须在 60 分钟之内把所有问题都讲清楚。只要把握好以下两条规则，你就能够保证自己在 60 分钟内解决问题。

第一,千万不要恋战，能速战速决是最好的。这是因为你越是留给对方太多思考的时间，你就会越不容易挖掘出对方的心思，对方也一定会拼命守住自己的底线。如果创造出一种销售过程中的紧迫感，对方就会没有时间去思考更多，思维也会逐渐发生改变，最终引导对方达成更符合己方心理预期的协议。

第二，要将主动权掌握在自己手中。谈话当中的主动权应该由我们掌控，而不是客户。客户拖延时间的主要目的，就是给你压力，让你交出主动权，听从他的安排。所以，不管对方如何利用时间给你施压，不管你的沉没成本已经有多高了，也要坚守，不能交出主动权，更不能听从对方的安排。

这段时间，章强准备换一份工作。他四处参加招聘会。市场上的工作岗位倒是不少，但想要找到一份理想的工作，简直比登天还难。而且，想在应聘中与招聘方讨价还价，似乎更是异想天开的事。好不容易，章强找到了一份很有意向的业务主管工作，但这是一家著名企业，前来应聘的人如潮水一般。

如何成功地将自己推销出去呢？章强简单地进行了自我介绍后，打量了一下眼前的招聘官，问道："我的情况您已了解，请问能否告知结果？"

面试官打量着章强，缓缓地说："不能，我只是负责招聘，结果需要老板定夺。"

确定这不是决策人之后，不要多谈，多谈也是浪费时间。想到这里，章强说道："我的个人情况，您已经有所了解。但有关业务方面的专业知识，我希望能

够跟老板进行深入的沟通。这是我近几年的工作汇总，请帮我转交给老板。如果老板看完之后，认为我是他要找的人，请给我打电话。”

把东西交给面试官之后，章强道完别，转身就走了。

隔了两天时间，章强接到面试官的电话，通知他到公司面试。章强如约来到公司，出来接待他的还是那个面试官，并声称老板现在正忙。章强想，公司既然打电话叫自己来面试，那么老板一定是对自己有一定认可的。现在章强人来了，老板却不出现，可见没有引起老板的足够重视。章强认为自己需要采取一些措施来引起老板的重视。于是，章强提高嗓音说：“对不起，如果老板现在没有时间，那我们另约时间，一小时后我还有其他事。”

看章强一副转身要走的样子，面试官连忙说：“章先生，请稍等一下。我去催一下老板，你先请坐。”

不到十分钟，面试官回来了，立刻把章强请到老板的办公室。老板简单地了解了章强以前的工作经验。章强也向老板了解了公司目前的大致状况，又问道：“请问，我可以了解一下咱们业务主管的工资水平是多少吗？”

“五千左右。”老板看着章强说道，“不过，以后薪酬会慢慢提高的。”

这明显是老板的一种拖延术。章强顿了顿说道：“对不起，老板，我觉得这个岗位的工资与对应的职位、责任、能力不太相符。您付给业务主管的工资明显低于市场水平。而这只能说明两个问题：公司业务部的业绩不理想，业务主管的能力不及格。您应该知道，工资不是老板付的，而是人才自己创造的价值。”说完，章强站起来开始收拾简历，用肢体语言表达自己要中断谈下去的意愿。

见章强要离开，老板连忙说：“章先生，别急，五千左右的工资是之前业务主管的工资，我没有说你也是呀！你先坐，我们再谈谈。”

见老板这样说，章强重新坐下，并接着说道：“您公司的工资水平与我预期的收入差不少。我觉得至少八千才合理。当然，这不是我的要求高，我只是根据市场的标准，以及自身能力来衡量的。而且，我保证为公司带来的利润绝对会比八千高，甚至翻几倍。这难道不是您所希望的吗？”

章强很看重这份工作，眼看半个小时过去了，老板也没有明确表达自己的意见。为了提高自己的谈判筹码，尽快促成这次面试，章强主动亮出自己的实力，询问老板当前公司业务上面临的最大问题及最急需解决的问题是什么。接下来，针对这些问题，章强根据工作经验立即给出了两三个解决方案。

老板听得出来章强颇有想法，而且经验丰富，八千的工资可以接受，但他还想牢牢地把握住谈判的主动权，于是开始故意拖延时间，不肯轻易地给出自己的底价：“公司的试用期通常都是三个月，试用期的工资只有五千元。如果你成功过了试用期，各方面能力达到我们的要求，八千的工资可以商量。”

“老板，对不起，我不是刚毕业的学生，而且还有父母妻儿要养活，我无法承受漫长的三个月试用期。而且八千是我能接受的最低薪酬，能拿到我就留，拿不到也请您直言。”章强说完，老板的表情已经极不自然了。“您看，这样行吗？试用期一个月，您随时考核我，如果不满意，我立马打包走人。”

老板一怔，随后哈哈大笑：“成交！”

章强也跟着笑了起来，转而又认真地说：“老板，不瞒您说，我是一个对事业有追求的人，希望自己能够不断地为企业创造价值。如果一年以后，我的工资还是停留在八千的水平，只能说明两个问题，一是我个人能力受限，已不能为公司创造更大的价值，二是我有可能跟错了老板。您说是吗？”

老板心领神会：“你是一个特别的人！放心吧，好好干！”

就这样，章强牢牢地掌握住了主动权，成功地将自己推销了出去。

销售时间值不值钱，要看销售效率高不高。无论是推销产品，还是推销自己，你只有做得又快又好，销售时间才会越来越值钱。而销售高手最重要的特质，就是在时间压力很大的情况下仍然能保持正常的思考状态，知道什么时候可以说“是”，什么时候可以说“不”，什么时候态度必须强硬，什么时候应终止谈判。如此，就能够把时间控制在既定范围之内，并且最终获得自己希望的结果。

说到底，这是有效时间和销售效率的问题。

从见面到成交，每次只需 60 分钟，你能做到吗？

前 20 分钟：完美开场，为签单打好基础

任何一场战争，如果能够在一开始就抢占先机，那么获胜的概率就会大大地提高。这是因为最初的先机能够让你掌握主动权，有足够的时间和精力来应变各种问题，并且在气势上和战斗力上都压倒对方。或许有人会说，历史上不是有很多反败为胜的例子吗？没错，这样的战例有很多，也成为历史上的经典。然而，哪一场反败为胜的战例不是赢得异常艰难，不是付出了惨痛的代价呢？

做销售，也是如此。时间就是效率，效率创造效益。对于每个销售从业者来讲，省时才能赢得更多的机会。我们想要和别人进行良好的谈话，瞬间拉近彼此之间的距离，为接下来的签单打好基础，就必须在前 20 分钟完美开场。一旦开不好场，对方就会产生极强的戒备心理。这时候，我们就处于劣势了。之后即便想尽办法，说出再好听的话，说得时间再长，恐怕也无法扭转被动的局面。

“不好意思，打扰您了。能耽误您几分钟时间吗？”

“我们的主营产品是 ××，请问您有需要吗？”

“请问您对我们的产品感兴趣吗？您需要什么价位的？”

……

这是几种常见的开场白，但都是错误的说法。这是陌生人和陌生人之间的交谈方式，这样怎能让客户放下戒备心理，与你聊天呢？他凭什么相信你推荐给自己的不是很需要的东西呢？他有掏钱买单的理由吗？从销售的第一步——开场白这一关开始，就已经有一大批销售员被 PASS 了。

但是，如果你能像陈忠一样完美开场，就一定会赢得所有客户的认可和信赖的。

陈忠是一家公司的经理。他的公司不大，做的东西也特别专一，专门制作各种各样的座椅。这几天，陈忠得到一个消息，这让他十分兴奋。据说，当地的一个大富翁高先生捐款建造了戏院、纪念馆以及音乐堂。这个善举对市民来说是一个好消息，而对于像他这样的椅子制造商更是好消息。因为这样的建筑内一定需要许多椅子。能拿到这个订单，对于他的公司来说是一笔不小的收入。

但这不是一个容易的活儿。陈忠听说，比他资质好、规模大的供应商都先后碰壁。因为高先生对每家公司的态度都很是冷淡，甚至直言那些供应商只想从中谋利。陈忠想了整整一天，也不知道这笔交易从什么地方入手才好。不过，他也没闲着。他从各种渠道得知，高先生虽然从事的是餐饮行业，但在业余时间喜欢研究装修。高先生的办公室就是他亲自设计装饰的。得知这一点，陈忠突然间有了灵感。

当天，陈忠步入高先生的办公室后，并没有急着跟埋头工作的高先生打招呼。他就像一个参观者一样，对办公室内的布局、细节认真地观察，并且仔细地品味着，偶尔还会点一点头，表示很敬佩的样子。而高先生本来没有打算跟他说什么，只想等他交完产品材料走人。谁知他一抬头，发现这位椅子供应商居然在看他办公室的装潢，而且看得十分认真。“您好，冒昧地问一句，这里的装修是谁做的？”陈忠故作疑惑地问。

高先生放下手中的工作，不解地问：“怎么了？”

“我做装修工作好多年了。我可以负责任地说，给你设计办公室的人，肯定特别用心，也非常有才华。我得好好学习一下。”陈忠笑着说道。

听到这话，高先生也笑了。他站起来对陈忠说：“先生过奖了，这间办公室是我自己设计的。这么久了，我一直忙，还没有这么仔细地看过呢。”说着，高先生领着陈忠参观办公室。当他们走到椅子边的时候，陈忠盯着座椅好一会儿，

又仔细地摸了摸，然后问道："如果我没有猜错的话，您这椅子是用紫榆木做成的吧？而且，至少是一百年以上的紫榆树，这倒是很少见的。"

"真是神了！你是怎么看出来的？许多人看了都说是红檀木，只有你说对了。"高先生的眼睛里发出了光芒，"这是我们老宅里的一棵紫榆树。据说，我爷爷那时候就有，这么多年一直枝繁叶茂，也算是我的一个玩伴儿。前几年老宅拆迁，紫榆树也留不住了。但我舍不得，便找人锯成木材，自己做了这把椅子。"

"看得出来，您不仅有才华，而且重情重义。跟您这样的人做生意，肯定不会差。"陈忠由衷地说道。他并没有提及自己的来意，因为对方肯定知道。

果然，高先生开心地看着陈忠："跟你聊天，实在让人心情大好。你的来意我知道，那批椅子的订单就交给你吧。你的品位和眼光，我信得过。"

陈忠厉不厉害？关于销售的事，他一个字都没有提，倒是对方主动提出把订单给他。他做的，只是聊到了对方的爱好，夸赞对方的优点，结果不仅消除了对方的心理戒备，还博得了对方的好感和信任，直到达成交易。别人费尽心机想做成的一笔买卖，他没花费多少时间就轻松地搞定了。

在销售过程中，同样是推销行为，如果销售员能够找到与客户交流的"契合点"则会事半功倍。这个"契合点"就是选择客户感兴趣的事情。它往往是我们最具杀伤力的"武器"。

这一点不难理解。举例来说，聊天的时候，有人喜欢谈论车，有人喜欢谈论房子，有人喜欢谈论军事，有人喜欢谈论政治……对方爱谈军事，你就从军事上找突破口。对方爱谈艺术，你就从艺术上切入……因为是兴趣所在，所以对方肯定会愿意谈，喜欢谈。如此你就可以完成自己的销售计划了。

当然，这并不是要你阿谀奉承，拍马屁，而是让你通过一定的技巧打开客户的"心门"。如果你能在最短的时间内，真正地从内心打动客户，有效地激发客户的购买欲望，那么就能顺利地实现销售目的。

为此，在进行销售之前，你就要尽力去搜集有关客户的各种信息，第一次拜访客户时更要深入、近距离地对其进行了解。一个优秀的销售员都有一个职业习惯，那就是无论在哪里都会多观察，到了客户那里更会用眼角的余光将客户所在的环境全部装入大脑。通过观察和分析，既可以对客户的性格、爱好、习惯等做出初步的判断，也可以将这些因素用于今后的沟通与公关。

这样来做销售工作，你就能做到有的放矢，切中肯綮，收到立竿见影的奇效。

中间 20 分钟：做好互动，让产品以价值取胜

有人认为，销售就是一个需要不停地说话的工作，于是在黄金 60 分钟内，喋喋不休地介绍和推荐产品。但通常的情况是，虽然你花费了不少时间和精力，但是，客户并没有做出积极的反应，甚至表现出了不耐烦。

是客户不通情达理吗？答案当然是否定的。一次成功、高效的销售永远都是

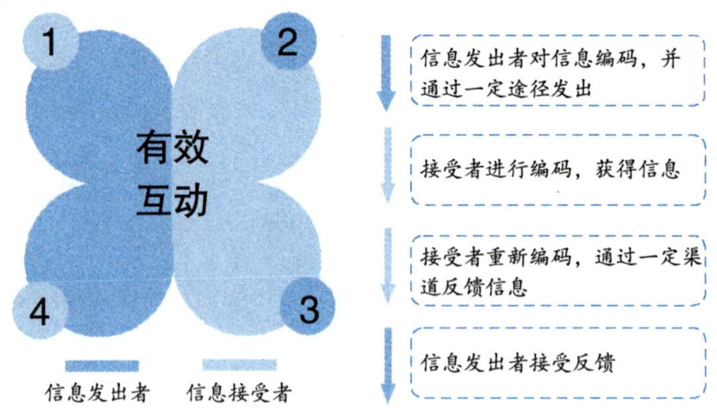

图 8.1 销售中互动的四个环节

一个销售员与客户之间的双向互动过程。而且，缺少互动的销售过程，就如同缺少生机的死水一样，投入的时间和精力再多，也没有任何成交的可能。

因此，在整个销售活动中，你除了要充分地向客户介绍相关产品的信息，还要与客户进行有效的互动。这是一个信息持续传递的过程，一般要经过以下四个环节。

信息发出者对信息编码，并通过一定途径发出。

接受者进行解码，获得信息。

接受者重新编码，通过一定渠道反馈信息。

发出者接受反馈。

在这里，接受者就是客户。如何让客户愿意接受你的信息呢？这就需要你在和客户谈话时少谈产品价格，多谈产品价值。客户首先是关心你的产品优势有哪些，能否给他带来实实在在的利益和好处，能否让他最大限度地节约成本。即使你的价格再优惠，却不能带来实际效益，客户也会无动于衷。

打一个比喻，假如你要推销一款电钻，客户买的从来不是电钻这件产品，而是它能否在墙上打洞。当你只是单方面介绍产品时，客户并不会关注你。他只会关注你能不能帮他解决问题。客户下定决心买，也不是你的电钻有多好，而是他需要在墙上打洞。他需要电钻，而你提供的产品恰好能帮到他。

记住，客户不会仅仅因为产品的价格而付钱。客户永远都是为他的需求而付钱，也就是你的产品要能提供一定的价值！从这个角度来讲，销售实际上是一个分析需求、判断需求、解决需求、满足需求的过程。这个需求也就是客户背后的价值需求。也就是说，他愿意花多大的代价来换取这样一个收益。

生活中，我们都知道这样一个事实：要想钓到鱼，其中最重要的东西就是鱼饵。因为不同种类的鱼对于鱼饵的喜好也不相同。因此，你必须站在鱼的立场上去思考它们喜欢吃什么，这样你才有可能钓上鱼来。同理，作为一名销售人员，你要想招徕客户，就要站在客户的角度思考问题，弄清楚客户的心里到底在思考什么。这样你才能更快地签单，提升业绩。

这段时间，苗女士睡眠不好，想买一款新枕头。这天，她来到一家寝具店选购枕头。按照以往的消费经验，她的选择是百元左右的荞麦枕头。一看这里的枕头标价都是几百几千。抢钱啊！苗女士心想，于是打算转身离开。这时，一名女导购笑着迎了上来。她没有一上来就介绍，而是询问苗女士买枕头给谁用。

“我自己。”苗女士搪塞着说，“我再转转吧。”

“您的睡眠质量怎样？”女导购追问道。

见苗女士没有答话，女导购仔细地端详了一下，说道：“您的气色有些不足，是不是最近睡眠质量不太好？知不知道原因呢？”

见女导购如此关心自己，苗女士耐着性子回答：“颈椎不好，睡不踏实。”

“颈椎不好，很影响睡眠的。不过，好在有解决办法。”女导购进一步解释道，“您可以考虑一下乳胶枕头。这种枕头中间低，两端高，40 度仰角，是根据我们人体工学设计的，符合头颈部的生理曲线，可以缓解颈椎肌肉、韧带的疲劳，放松身体，提高睡眠质量。长期坚持使用，一定会帮助您的颈椎获得康复。”

苗女士有些心动，但一看价格一千多，有些犹豫了。

女导购见此，继续说道：“颈椎病，不但影响睡眠质量，而且影响工作和生活。治疗起来也比较费劲，需要牵引、针灸或按摩等。而这种乳胶枕头让您睡着就能治愈，什么也不耽误，气色也好了，多划算。而且，睡好了，精力才会好，做事效率更高，是不是？”

苗女士追问道：“我老公最近工作压力大，上火，也睡不好，能用这种枕头吗？”

“能用是能用，但效果不太好。”女导购摇了摇头，回答道，“给您推荐一款茶叶枕。茶叶有降火清热、安神镇静的作用。清新的茶叶香味更易催眠。”

当苗女士提到年迈的父母也需一款舒适的枕头时，女导购问：“叔叔、阿姨的身体挺好吧？”

苗女士回答："不太好，上了年纪，难免得一些老年病。"

这时，女导购又给苗女士推荐了一款决明子枕头，说决明子种子坚硬，可对头部和颈部穴位进行按摩，对脑动脉硬化、心血管等疾病均有辅助作用，比喝药的副作用小得多。

乳胶枕头一千多，茶叶枕三百多，决明子枕头八百多，虽然价格比较贵，虽然严重超出预算，但为了让家人拥有一个好的睡眠质量，身体健健康康，苗女士觉得值了。结果，她花了四千多元将这几款枕头统统买了下来。

这名女导购为什么没花费多少时间和精力，轻而易举地就让苗女士痛痛快快地买单了呢？原因就在于她主动而积极地与客户进行互动，并将产品以一种可以预见的价值呈现了出来。

一件产品价值的大小，由客户说了算。客户感知到的价值才是有意义的。从客户的角度来讲，一般情况下客户对一款产品的了解不多。如果客户从未使用或了解过该产品，那么对该产品的相关价值更是不了解。在与客户面谈的过程中，只要你充分地展示产品的相关使用价值，让客户认识到交易是平等的，产品的使用价值才会转变为客户眼中的价值。

销售的过程，本质上就是一个价值交换的过程。

与其向客户滔滔不绝地推介产品，不如通过适当地询问，认真地倾听，观察客户的言行，了解其需求和心愿，并在讲解产品的过程当中，着重把产品能够给客户带来的"价值"做深入的讲解，说明产品能满足客户哪方面的需要，运用自身的知识和服务完成对方的心愿，解除对方的担忧。

一个简单快捷的方法就是，认真探寻客户的麻烦和难题，比如客户有什么烦恼，无法解决的问题，不方便的地方……这些来自客户的反馈，都是发掘产品价值的绝好机会。

在销售中，主体应该是客户，而不是销售员。

以自身为导向的销售员会这样问："为什么客户不能购买我们希望销售的

产品？”

以客户为导向的销售员则会思考：“为什么我们不能销售客户希望购买的产品？”

对于这两种销售员，你更想买谁的产品？哪一种成交更加顺利呢？不言而喻。

最后 20 分钟：大胆提出签约规划，促成交易

一个人独自在一片黑暗的森林里行走。当他遇到另一个人的时候，本能的反应是攻击对方。这就是著名的黑森林理论。黑森林理论为什么成立？就是因为处于黑暗和危险环境中的人，会下意识地将他人视作威胁，而且，他也缺乏对他人的信任。

销售场合天生就是一片“黑森林”。销售员和客户双方，也会下意识地将对方视作威胁——认为对方心里想的就是如何“摆我一道”。例如，客户认为，不讨价还价就会被销售员欺骗。为了不吃亏，客户就会大幅度地砍价，无论销售代表说什么，都以“太贵”挡回来。而销售员一听到客户随便砍价就会抱怨，抱怨客户不了解产品价格中包含的成本和利润等要素，更不体谅销售人员的辛苦。

既然我们不能消除“黑森林理论”的影响，既然我们都承认买卖双方冲突的存在，那么，最节省时间的解决问题的办法就是：追求彼此的双赢。

这里和大家分享一则关于美国著名学者戴尔·卡耐基的故事：

卡耐基每个季度有将近一个月的晚上都会包下纽约一家大型旅馆的大礼堂，因为他要在那里教授社交训练课程。有一天，卡耐基刚到礼堂进行准备工作，就接到了旅馆的通知。通知说，礼堂的租金比原来涨了 3 倍。如果卡耐基不支付足

够的租金，就取消租赁合同。卡耐基非常气愤，因为当时课程的入场券已经印好，而且课程很快就要开始了，想要更改也来不及了。

卡耐基直接找到了旅馆的经理。他原本可以对经理进行指责，因为这显然是一种不讲信用的表现。但是，他没有，而是用平静的语气对经理说：“我刚接到你们的通知时，有点儿震惊。不过，这事并不怪你，假如我处于你现在的位置，或许我也会做出和你一样的决定。你是这家旅馆的经理，让旅馆盈利是你的责任。不这样做，恐怕你经理的位子也保不住了。不过，如果你执意要增加租金的话，那我就以朋友的身份，和你谈一谈这样做的利弊。”

“先说增加租金的好处，”卡耐基耐心地说，“旅馆的大礼堂如果不租给我讲课，就可以租给其他人举办舞会或晚会，这些活动的时间通常比较短。他们能够一次性支付高额的租金。这样你们就能获得更高的利润，显然比租给我要合算得多。但是，”卡耐基话锋一转，接着分析起了现状，“你增加了我的租金，事实上是降低了你的收入，因为这样高的租金并不是我能承担的。为了能够继续办培训班，我必然要去别的地方租礼堂，你就失去了一个客户。此外，还有一件事不知道你是否注意到了，我的培训班学员都是受过良好教育的中上层管理人员，而成千的学员到你的旅馆来，这无疑会在中上层客户中提升旅馆知名度。即使你花费五千元在报纸上做广告也请不来这么多中上流社会人士来这里参观！实际上，你只是损失了一点儿租金，却换来了一次规模大而且非常有效的宣传。你认为我在这里办培训班，你会不合算吗？请你仔细考虑之后，再答复我！”

卡耐基说完这些话，就站起身离开了经理办公室。经理很快就做出了让步。他们只收取原先约定的租金，让卡耐基继续在这里开班授课。

卡耐基的谈话之所以能够取得成功，正是因为他自始至终都是站在旅馆经理的角度来想问题。他只是告诉对方：继续我们原来的合作关系，你将赚得更多。这在无形之中，他让对方成为自己的利益共同体。很显然，他说服了对方。最重要的是，他达到了自己的目的。

实际情况是，双方均达到100%的满意是不存在的。因为买卖双方总希望自己的利益最大化，并且，可能为此不断地扯皮。这就需要销售员在最后20分钟，大胆地提出签约规划，促成交易。这也就是大家通常所说的“临门一脚”，而这一脚是非常重要的。

汪蕾是一家汽车4S店的导购员。这天她接待了一位孙先生。孙先生对一款SUV车型很感兴趣。汪蕾将汽车里里外外地介绍了一遍，还带着对方亲自试驾了一番。看得出来孙先生对这款车比较满意，但还是表示想要下次来买。汪蕾一心想签单，不停地劝说孙先生不要再犹豫，可对方却流露出忍痛割爱的表情。

看到这种情况，店长赶紧上前助阵。店长没有贸然地推销自己的产品，更没有给孙先生猛灌“强心剂”，而是微笑着说：“这辆车是最新的车型，现在非常走俏。您下次再来买当然可以，只是如今很多店里都缺货。您下次来买，可能得等上一阵子。一般来说，客人们都得等上一个月左右才能提到车。我们店里最近提来的这批，仅剩下这一辆了，而且现在是活动价。”

“说实话，我还是觉得价格有些贵。你们再给一些优惠吧。”孙先生压价道。

为了留住客户，店长主动做出了一些让步：“孙先生，这款SUV已是特价销售。这是我们主推的活动款，已经比平时便宜了一万左右，实在不能再降价了。这样吧，为了回馈您的支持，我承诺免费为您延长一年的质保期。如果您能帮我们介绍一些客户，还可以免费送您价值2000元的加油卡或汽车保养代金券。”

孙先生依然有些犹豫，店长直接询问道：“您是用现金，还是刷卡？”

孙先生终于拿出了银行卡，很快办理了付款手续。

你看出来了吗？店长之所以能够快速成交，关键在于，他通过现货短缺及时唤醒了对方的危机感，又适时地提出延长质保期、介绍客户享受优惠活动等，适当地做出了让步。而“您是用现金，还是刷卡？”更是二选一的促单法，增加了获得客户肯定回答的机会。最终，自然是顺利成交！

当客户因为各种原因一直犹豫到底要不要下单时，其目的就是推迟做决定。

花钱对我们每个人来说并不那么轻松，毕竟挣钱没那么容易，客户也一样。如果你不主动想办法，很可能就会失去这次成交机会。此时，不妨适当地使用附加条件、语言暗示、巧妙引导等方式，大胆地提出签约规划。

在金牌销售员的理念里，客户从来不是对立者，而是利益共同体、事业共同体，乃至命运共同体。他们从不会将时间浪费在利益纠结上，不会避重就轻地相互扯皮，而是善于利用供给和分配让客户得到想要的东西，产品、服务、利益、心情等，用切实的问题解决方案突破沟通障碍，这是最省时的方法。

在 60 分钟里，让客户追着你签单

产品同质化竞争越来越激烈，如何快速吸引客户的注意力？如何在最短的时间内成功签单？

在回答这一问题之前，你不妨思考下："男人究竟喜欢什么样的女人？"

美女？才女？淑女？

这些答案都对，又都不对。因为男人最喜欢的是神秘女子。这种女人让男人猜不透心思，最让男人丢魂，也最让男人牵肠挂肚。

男人为什么喜欢神秘女子？说白了，每个人或多或少都有一种好奇心理。男人也好，我们的客户也好，对未知的人和事物，永远都有一种想要知道，看个究竟的强烈欲望。所以，与其急着向客户推销，不如营造一种神秘感，吸引客户来一探究竟。一探究竟的结果就是购买你的产品，就是花钱。

你听说过 AISAS 法则吗？这是一种消费者购买行为模型。

在这里，把 A（注意）I（兴趣）放在前两位，不是没道理的。

例如，苹果手机之所以能在国际上做得这么成功，就是因为上市前不管它

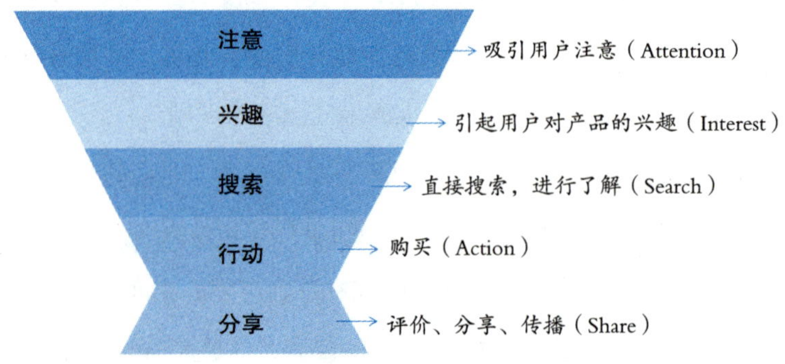

图 8.2 AISAS 消费行为模型

的宣传多么铺天盖地，iPhone 的全貌是不会出现在大众面前的，而且苹果员工也不可以透露新产品的信息。这就为 iPhone 营造了一种神秘感。“它到底是什么样子？”“有哪些功能？”……正是这些悬念，牢牢地吸引了人们的注意力，激发了人们的好奇心，时刻关注 iPhone 的进展，直至发售当天出现了通宵排队的盛况。

当你不断地推销产品的时候，客户会本能地拒绝你。善于时间管理的销售高手深知：没有销售，只有客户自我销售；没有成交，只有客户自我成交。只要你能巧妙地利用好奇心的驱使，激发出客户的好奇心，客户的注意力就会被牢牢地吸引。那么，不用你花费多少时间和口舌，他自然会追着你来成交。

这就需要我们把有结果的陈述句，改成疑问句，换成一个问题，或者一个疑问，或者一个带有问号的结果等，即如何、怎么、为什么，这是一个设疑、推疑、解疑的过程。

例如，推销一款防水手表时，你一般会怎么做呢？苦口婆心地向客户介绍这款手表防水性能真的很好？或者干脆把手表放到手中，当着客户的面做个实验？这些方法都行得通，不过若是你说：“手表也能洗澡，你信吗？你敢吗？”“下雨天，你需要的是一个给你撑伞的人，也需要一个陪你淋雨的它。”这样是不是更

吊人的胃口，让客户感到不可思议？强烈的好奇心会让客户想了解一下这个产品是什么，干什么用的。当客户开始注意你的产品，并主动开口询问你时，你的销售就能顺利地进行下去。于是，你就有了一个愿意给予你时间和注意力，对你的产品充满好奇的客户。这也就减少了成交过程中的时间成本。

薛牧是一名推广无烟锅的业务员，也是一名非常成功的销售员。他总是能在最短的时间内成功地促成交易，而且丝毫不费力气。你想知道他是怎么做到的吗？

一次，薛牧拿着锅具前去拜访客户。他还没开口，就遭到了客户的拒绝。客户想都没想便告诉薛牧："我不需要。"

其实，这种情况并不鲜见。但被客户拒绝后只能认命吗？薛牧没有说话，而是从口袋中掏出一张一元的纪念邮票，并当着客户的面将这张纪念邮票撕碎，之后询问客户："您心疼吗？"

这是什么意思？客户有些摸不着头脑，但想了一下回答说："你撕的是你的钱，和我没有一点儿关系。我有什么可心疼的？"

看到客户转身要离开，薛牧大声地说："不，你错了。我撕的不是我的钱，而是你的钱。"

听到这里，客户更疑惑了，转过身来，好奇地问："怎么会是我的钱呢？"

这时，薛牧不慌不忙地说道："这款无烟锅不但起热速度快，导热均匀，而且储热性能好，能够最大限度地省电、省油、省煤气。同时，它上下两层分离，可炒、可煮、可蒸，一锅多用，为您节省了单独购买厨具的费用。所以，如果您不购买这款省钱的锅，不就相当于在撕自己的钱吗？"

见客户脸上的表情放松了下来，薛牧继续说道："说实话，我被好多人拒绝过，他们一开始也都说不需要。但是，试用过这款无烟锅后，最终他们都改变了看法。"

"是吗？"客户脸上露出了笑意，"那拿过来给我看看？"

普通销售员总是想方设法地想说服客户，反复地推荐自己的商品，不厌其烦。销售高手则会激发客户的好奇心，让客户像一个好奇心十足的孩子一样，颇有兴趣地探询："这是什么？""为什么这样？""如何做到的？"并乐此不疲。这两种方法，哪一种更省时省力，更有效呢？想必谁都会知道。

还是那句话：未知的事物，往往具有致命的吸引力。

为什么费尽心思说了半天，客户就是不买账？别再耿耿于怀了。你应该思考一下，如何在黄金 60 分钟内制造一些神秘感，唤醒客户的好奇心。只要你能激起客户想一探究竟的兴趣，接下来就静等客户签单吧。

在 60 分钟内，解决客户的时间异议

很多销售员在推销的时候都会遇到客户"不着急"的情况。他们会说："对不起，我现在不需要，等过一段时间再说吧。""我考虑一下，你明天再过来吧。""我们暂时还没有买这个产品的打算。""不好意思，老板觉得这件事不着急，我们就先不参加你们的活动了。"……

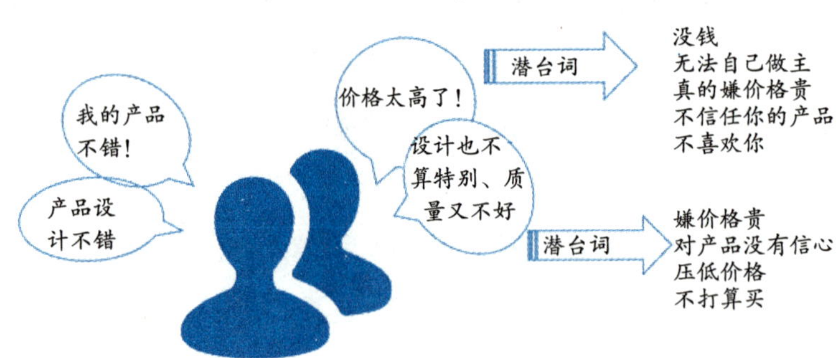

图 8.3 客户的潜台词

甚至有些客户，在沟通的过程中表现得比较热情，也表现出了购买的欲望，然而，等到快成交时，他们却不着急了，说："我还想再考虑一下。""你能再给我一些时间吗？我们需要商量一下。""价格有些贵了。""质量也不是很好。"……

客户不着急，提出了购买时间异议，其实这是很正常的现象。或许他们对你不信任，犹豫不决；或许这只是他们拒绝购买的借口；或许客户把这当成谈判的手段，想要获得一些好处；或许他们只是想等一段时间，等到时机合适时再做决定。

可若是销售员不能在最初的黄金 60 分钟内解决这个问题，让客户尽快做决定，那么就可能导致成交的失败。作为优秀的销售人员不仅要管理好自己的时间，更要管理好客户的时间。在客户犹豫的最初时刻，销售员要表现得积极一些，鼓励或是推动客户尽早做出成交的决定。否则，客户的异议就会随着时间的拖延越来越多。

在最初的 60 分钟内，你表现得越积极，就越能在沟通中占据主动位置，就越早促使客户成交。当然，表现积极并不代表频繁地催促客户成交，更不是强迫客户成交。这样会起到反作用，使得成交变得费时又费力。那么，究竟有什么办法能推动客户尽早地做出交易决定呢?

首先，利用痛点进行营销。

直接告诉客户现在"不买"的话，他将面临巨大的损失。一旦让客户意识到自己的"不着急"可能会引起重要问题，给自己带来很大的损失，他们自然就会立即做决定了。

比如，当客户说："我再考虑一下。""我想和老公商量一下，明天再给你答复。"你可以直接回答："我们的活动只剩下一天了，明天就会恢复原价。如果你现在不能做决定的话，恐怕会多花好几百元。我觉得您对产品满意的话，最好现在就拿上……""现在只剩下几套产品了，如果您不能立即做出决定，恐怕就会失去这次机会。要知道，我们的产品很抢手，刚刚半天时间就卖出了几百套……”

实际上，你的回答是在给客户增加压力，适当地营造出一种紧迫感，让客户觉得现在不买，以后就没有这么好的机会了。如此一来，客户就不会再犹豫，反而更愿意尽早成交。

玛丽·柯蒂奇是美国“21 世纪米尔第一公司”的房地产经纪人。她曾经在 30 分钟内卖出一套价值 55 万美元的房子，可以说是创造了销售行业的奇迹。那么，她是如何做到的呢?

当时，玛丽和同事参观一套新房源，遇到了一对在海边散步的夫妇。这对夫妇想看看这套房子。玛丽立即邀请这对夫妇进来，并且递给那位男士一份房屋的资料。与玛丽交谈了几分钟后，男士递给玛丽一张名片，说自己会打电话给她——显然，他们对房子感兴趣。女士也非常喜欢这套房子和这里的环境，但是，他们却没有强烈的购买欲。

可玛丽并没有放弃，她立即对这对夫妻提出邀请——请他们到办公室谈谈，并且不等他们回答，就抄近路回到办公室。

令人惊讶的是，这对夫妇竟然跟上来了。在办公室里，男士提出了一系列的问题：“这间房子上市有多久了？”“房主是否坚持他的要价？”“它为什么比其他海景房价格高？”“是否能降价？”玛丽一边回答问题，一边向他渗透下面这些信息。

“这里的环境很优美，适合你们度假、休息。”“这房子有车库，离海岸近。而其他房子却很少有车库。”“房主希望尽快成交。”……

当这对夫妇表现出犹豫的神情时，玛丽立即表示：“房子很抢手。”“有几位客户也表现出了浓厚的兴趣，并且已经约好了看房时间。”就这样，这对夫妇立即交纳了定金，签订了合同。而从玛丽见到这对夫妇，再到签好合约，只花了不到 30 分钟的时间。

当然，制造紧迫感的前提是实事求是，你不能为了尽早成交而欺骗客户。明明活动还有好几天，却告诉客户是最后期限了。明明还有很多库存，却告诉客户只剩下几套产品了。若是被客户发现你在“说谎”，那么，结果就不只是丢了单子，还可能丢了诚信和信誉。

除了增加客户的紧迫感，让客户有一种“过了这村就没这店”的感觉，销售员还可以利用客户占便宜的心理来刺激购买欲。当客户说“想考虑一下”时，你可以给客户一定的优惠条件，比如打折，送赠品，送附加售后服务，免费的产品升级服务，并且告诉客户：“前 100 名才有这样的优惠。”“节日期间前，才能享受这些优惠。”当客户对产品有购买意向，却不着急做决定时，看到这些优惠政策往往就会尽早做出决定。

其次，利用客户的从众心理，促使客户尽早成交。

当客户说“再考虑考虑”“过一段时间再买”的时候，你可以说：“这个行业的领军品牌——× × 公司已经购买。”“竞争对手已经购买了类似产品。”这样一来，客户担心在竞争中处于劣势，或是被同行远远落下，从而尽快地下定决心购买。

最后，客户的紧张来自你的从容。

作为一名销售员，从容不迫是最该具备的品质之一。即便是世界上最成功的销售人员，也不可能和每个客户都签下订单。失败是在所难免的，一无所获也是非常常见的。如果客户不着急成交，你反而着急了，那么，客户就会觉得自己这样做一定是对的。或许即便你做出了许多让步，还是会让客户觉得你这么着急，这事情可能有猫腻。最终的结果是你既丢了风度，又丢了客户。只有保持从容不迫，客户才会觉得自己没有马上做决定是亏了，才会开始紧张。

可以说，很多时候客户不着急成交，对成交时间有异议，并不是坚定地拒绝购买。只要你能够在最初的黄金 60 分钟内，找到客户“不着急”购买的真正原因，打开他们的心结，便可以尽早成交。

第九章

时间管理也是心态管理——用心理学工具提升时间含金量

对一名销售员能力的高低，可以从很多方面来判断和衡量。但至关重要的一点是看他对待时间的方式。因为大多数成功与智商无关，但大多数失败与时间有关。当然，你要管理的不仅是时间，更是心态。销售员适当地使用一些心理学工具，必能如虎添翼，提升时间含金量。

早起倒逼早睡法：如何倒逼自己成长

销售员所从事的工作，往往自由度比较大，但这不代表不用进行时间管理。

一家公司提倡人性化的出勤制度，给予了销售员非常宽松的考勤制度。如果早上出勤延迟，下班也延迟，只要保证每天工作 6 小时即可。公司这样做是有意提升销售员的工作热情，但事实证明公司的业绩一直很惨淡。于是，新任经理推出新政策——所有销售员早上八点半之前打卡，迟到一分钟罚款 50 元。

听上去新任经理的做法有些不近人情，但很快事实证明，长期迟到的销售员开始陆续地提早出勤，业绩随之提升。原因是什么呢？销售工作竞争十分激烈，讲究先下手为强，早晨能拜访多少客户，能做多少商品推介，能多大程度地行动起来，这是决定业绩的关键。谁能比别人提前行动，谁就能独占鳌头。

想高效管理时间吗？想快速提高业绩吗？你恐怕不得不早起。

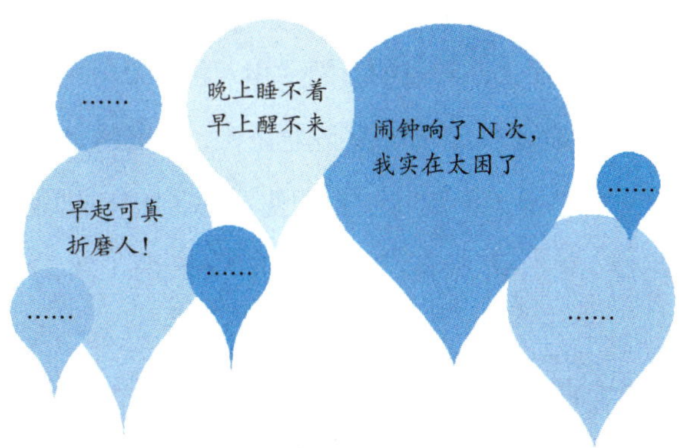

图 9.1　不想起床的借口

“我也想早起，可是实在起不来，太困了啊。”

“我每天晚上都睡不着，早上也会睡过头，怎么办？”

……

其实，这些都是借口。如果你内心深处不想起床，那么，说得再多也没有用。

关于早起，其实没有太多所谓的技巧。如果有，也只是大家都知道的常识——早睡而已！早睡和早起这两件事是分不开的。要想早起，先得早睡。唯有早睡，才能让身体养精蓄锐，这也符合人体生物钟的作息时间。不过，早睡是需要心理动力的，而这个动力并不是天然存在的，而是必须由自己创造的。

一般来说，一个人需要保证 8 个小时的睡眠。如果你只关注早起的时间，同时，又控制不住自己总是晚睡的习惯，就会导致整体的睡眠时间不够，那么，早上自然就不愿意起来。晚睡就像是一个恶性循环。如果你平时睡得晚起得晚，那么，你就需要对自己狠一把。即使前一天晚上睡得很晚，也要早起。不要给自己任何犹豫和拖延的时间！当这种潜意识形成习惯的时候，人体特有的生物钟就会起到准时提醒的作用。

琳达是一家外贸公司的业务员，也是家有小娃的妈妈。虽说平时有婆婆帮着照顾孩子，但琳达每天下班回到家后要喂孩子吃饭，给孩子读绘本，陪孩子搭积木，最后哄孩子睡觉。哄孩子睡着之后，她自己却不睡觉，非得再刷半天手机，刷一下新闻，看看发生了什么；看看朋友圈，和人聊聊天……随意地刷一刷，一两个小时就过去了。等到睡觉时，却已经睡意全无，反而越来越精神！晚上不想睡，早上不想起，一度是她的生活状态！即使定好了起床的闹钟，却依然醒不了！匆忙洗漱，踩着点到公司，手忙脚乱地开始一天的工作，带孩子显得不耐烦，脾气也见长。

有一天，琳达实在是太累了，很早就睡着了。第二天早上闹铃一响，她很轻松地就起床了，而且一整天的精神状态特别好。

意识到早睡早起的好处后，琳达决定以后坚持早睡早起。但这并不容易办到，于是她开始强迫自己早睡。把睡觉时间从 12 点调整到 10 点。9 点半开始刷牙洗漱，泡脚，喝牛奶，做完这些事情后，10 点准时放下手机，将手机放在客厅，或者干脆关掉手机，上床睡觉。如果还是睡不着，琳达就躺在床上闭目养神，数数，数羊。即使没有早睡，在早晨应该起床的时刻，她也会提醒自己克服困难，立即起床，不要贪睡。

晚睡早起，没有充足的睡眠，琳达一开始感觉很困很累。当感到睡眠不足时，她会午休半小时。熬过前几天之后，一直难以实施的早睡早起计划，竟然慢慢地成功实现了。因为自从坚持早起以来，每天晚上 10 点左右，琳达就会哈欠连天，眼皮不由自主地打架，在睡意的催促下，睡觉时间就很自然地向前推移了。

现在，琳达每天 5 点半起床，然后花 1 小时阅读公司邮件，接着查看新闻、锻炼、做早餐，然后送孩子上学。而且，所有这些事情都会在 8 点之前完成。琳达每天都是公司第一个到办公室的人。等别人卡着点匆匆忙忙地跑进办公室时，她已经以积极饱满的精神状态投入到了一天的工作中。

早睡倒逼早起，果然有效！所以，要想早起，就从早睡开始吧！早睡才是王道！

有人又说：“我也知道早起挺好的。但是，早起到底要做什么呢？我没有什么可做的。”

你看，人要是不想做一些事，总是会找到借口。

早上精力旺盛，精力集中，而且头脑清晰灵活，正是充实自己的好时机。你可以在这个时间看看报纸，学习一些技术，给自己充电。

早上的空气湿度较大，空气质量较好，做一些简单的运动，呼吸新鲜的空气，有利于提升代谢率，改善血液循环，情绪会更加积极向上，心灵趋于平静稳定，能够快速地投入工作中，也不容易疲劳，工作效率更高。

长期坚持早起的人，可以对一天进行更加合理的计划。原来没有时间完成的事，可以在早晨及时落实，提高工作效率。

……

每天总是抱怨时间不够，想做这，想做那，却总没有开始，因为你缺的就是——早起。

对销售员来说，成交机会都是要争取的，有时晚一分钟，你就失去了机会。从现在开始，将早睡早起的口号变成实实在在的行动！休息的时候睡得香甜，心神安稳，工作的时候有力气，有精神，把时间有效地用于个人成长和事业发展，将大大地提高工作效率，何乐而不为呢？

五分钟清醒术：如何获得一天好状态

作为销售员，每天的精神状态必须要好，毕竟每天要面对诸多客户。早上是人一天状态最好的时候，身体和精神都处于最佳时刻。但离开床只是第一步，如果早起后你的大脑昏昏沉沉，糊里糊涂，甚至心里还有一股莫名的火，就是俗称的“起床气”，那么，这样的早起就没有什么意义。

早起之后能否在一个较短的时间内快速清醒，决定了你今天能否获得一个好的精神状态。那么，有什么办法可以在早起之后迅速清醒呢？——你需要五分钟清醒术。早起后不清醒，主要有两种原因。一种是生理上的，一种是心理上的，我们要有针对性地进行解决。

来自生理上的困倦是十分正常的，与你的身体状况有一定的关系，但决定因素是你的个人习惯。每个人都一样，不管你睡了多长时间，起床的时候总是会有困倦感。因为经过一夜的休息，身体此时处于半苏醒状态。躺在床上想起，但是

又没力气动的情况下，要想“唤醒”大脑，首先要“唤醒”身体。你可以攥一攥拳头，动一动脚趾，或者转一转眼睛，这些动作躺着就能做到。简单做几次后，你就能借着那个劲儿坐起来。

这一原理不难理解，起床动作是挺消耗意志力的。先用小的动作来引导身体，在身体逐渐动起来之后，自然而然地就可以起床了。接下来，你可以喝一杯温的白开水，唤醒自己的肠胃；拉开窗帘，打开窗户，看看风景，吹吹风，深呼吸，让眼睛、耳朵，甚至鼻子保持警醒；在周围走动走动，伸一伸胳膊，伸展一下腰肢。身体清醒的部位越多，大脑和神经就越能尽快地恢复清醒。

偶像剧里经常拍摄这样的镜头，剧中人物醒来后眯着眼，打个哈欠，伸展一下慵懒的腰肢，而后洗漱、喝水，然后换上精心挑选的衣服，精神饱满地去公司上班。有些人可能昨晚工作到很晚，早上没有时间运动或洗漱，但为了让自己清醒一点，他们也会用凉水拍拍脸，不管多么困，瞬间就清醒了。

来自心理上的不清醒，主要是因为行为与心理没能达成一致。在生活和工作中，我们都在力求保持一种心理与行为的一致，心里想的和身体做的一致，人自然就会舒服。这就是一致带来的平衡感和安全感。而不一致往往会引起心理紧张和烦闷。

为什么身心会不一致呢？这是因为自我具有以下三种不同的特征。

图 9.2　自我的三种特征

在起床的短短几分钟内，内心很容易出现心理与行为失衡——“应该自我”

不断地提醒你“快起来去赚钱”，“实际自我”则是犹豫要不要离开温暖的被窝，而“理想自我”却还在闷头大睡。虽然最终“应该自我”取得了胜利，但经过这么一番波折的内心苦情戏，也就不难理解为什么整个人会昏沉烦闷了。

由此也能看出，如果你的大脑已经混沌了，身体上的清醒就不会坚持很久。为了保持大脑的清醒，你得积极行动，让你的思考活跃起来。

设置两个闹钟来叫醒你，每隔一分钟响一次，声音一定要很大。越是感到时间紧迫，人的神经就越能快速地紧绷起来，从而变得清醒。

如果你想度过一个愉快而富有成效的一天，睁开眼时就要及时地对自己进行心理暗示：“今天将是美好的一天。”“我充满了期待，浑身都是干劲！”……进而改变你的精神状态，从而使自己恢复清醒。

有句话说得好：“每天唤醒我的不是床头的闹钟，而是心中的梦想。”

还有一句话是：“你永远无法叫醒那些装睡的人。”是否应用这个高效的时间管理方法，完全取决于你自己的内心是否愿意做出改变。

具象法：为什么我们只能坚持具体行为

绝大多数人都有自己的时间规划，但并非所有人都能管理好时间。那些销售高手究竟是如何管理时间的呢？留意观察，你就会发现，他们都在使用具象法——将每个时间段进行拆解和量化，所有行动都有清晰明确的量化目标。

怎样才算具体清晰呢？一个常用的标准是“SMART 原则”——这是五个英文单词的首字母缩写。至于五个单词究竟是什么，有多个解释版本。根据英文维基百科，最常见的解释是：具体（Specific）、可量化（Measurable）、可达成（Achievable）、与愿景相关（Relevant）和时间限制（Time-bound）。

最简单有效的方法——使用具象法列一个时间表。

具象法听上去很深奥，但说白了，就是把时间划分为一个个小段，可以一分钟、一小时为一段，也可以一天、一周等为一段，然后每个时间段安排相适应的工作内容，并为各个时间段命名、写备注，即做出时间安排和计划，在某一特定的时间内要做哪些事情。如此，你的时间将以可视的形式呈现，一目了然。

一定要用准确的年月日，而不是笼统的“大约半个月”“十天左右”。这些约数会导致你缺乏时间概念，进而影响做事效率。日期的确定，会把时间明确在某个区间内，逼迫你每一天都检查进度，避免拖延。

看到这里，有人肯定会说，什么是都计划好的，生活该多么无趣。但是，时间管理就是这么无聊的东西。其实，这是对时间管理的极大误解。时间管理最重要的功能是把事先的规划作为一种提醒与指引，使我们更形象地认知时间的构成和利用状况，以便督促自身依照计划做事，进而使时间价值最大化。

比如，如果你想成为一个有钱人，那么，就要分解你的目标，怎样做才能成为有钱人？做生意，还是上班？然后，再分解做什么生意，做什么工作？怎么去做？具体用多长时间来实现？一步步地拆解开来，实现目标的概率才会更大。而不是你整天想着成为有钱人，然后无从下手，什么都做不了，那么，你的目标就永远都不可能实现。

再比如，在设定工作目标时，有些销售员经常说：“今年，我要冲刺销售冠军……”“我想实现业绩倍增……”这样笼统的目标设定，并不能产生足够的动力。如果你的明确目标为：“我要实现业绩一年翻两番……”然后，再将这一目标具体为：“每天打 50 个客户电话，每天开发出 2～5 个机会客户，每个月达到百万业绩……”那时将会怎样呢？你心里对成为销售冠军是不是更有把握，工作起来也就更有动力？

上面的例子告诉我们，任何时间段都可以量化、分类，并重新分割和组合使用，使我们形象地认知时间的构成和利用状况。

在这一方面做得最好的非“美国金融大王”约翰·摩根莫属。

摩根非常注重时间的管理。他每天都会对自己的时间进行合理的安排。例如，每天早上上班前，或者每天晚上睡觉前，他会在自己的时间轴上，写上确定时间段需要做的具体事情，上午 10 点处理一个重要文件，11 点参加一场为时一小时的部门会议，下午 3 点半与客户签署一份合同，等等。

一般情况下，摩根会在上午 9 点半准时进入办公室，下午 5 点回家。上班期间，他总是待在自己的办公室，员工们是很容易见到他的。但如果没有重要的事情，他是绝对不会欢迎别人进入自己办公室的，因为那会打扰他的工作思路，影响他一天的时间安排和任务计划。在和一些人会面时，开始和结束的时间，他必须要精确到几时几分。而且，除了与生意上有特别关系的人商谈外，他与别人谈话的时间绝对不会超过 5 分钟，更不会在上班期间闲聊。他不允许自己那么做。

在与别人谈话时，摩根总会积极主动地判断对方的谈话目的、内容是什么，而且，他的判断通常都是正确的。所以，和他说话时，一切转弯抹角的方法都会失去效力。就算他猜不出你的谈话目的，他也会直截了当地问你，争取谈话尽快进入主题。对于那些没有重要事情，只想找人聊天，却耗费了他人时间的人，摩根简直是恨之入骨。他会毫不留情地终止与他们的谈话。

摩根的这种做法看起来不近人情，但让他的工作效率变得更高，也让他更成功。

人的注意力是很容易被分散和打断的。如果没有明确的时间安排，没有具体的行动计划，我们就很难长久地集中注意力，工作时就会松懈拖沓，容易分心。而使用具象法，时间的安排越明确，行为的规划越具体，对目标的理解越深刻，你就越能集中精力将时间用在选定的目标上，成功的概率也会更高。

对此，美国作家阿兰·拉金在其著作《如何掌控自己的时间与生活》一书中说：“一个人如果做事缺乏计划，靠遇事现打主意过日子，他的生活就只有‘混

乱'二字。这也就等于计划着失败。相反，有些人预订好一天的事情，然后照此实行，他们就是生活的主人。"

使用具象法列出时间表后，为了确保计划的施行，你还需要有效的时间管理工具，如手表、时钟或日历本等。选择一种你喜欢且方便的工具，放在你容易取到的地方。比如，开始一天的工作时，你可以按照时间表定制截止时间，时钟一响就停止此刻正在进行的事情，转做接下来的事情；在日历本上记下时间计划，星期一做工作总结，星期二给客户过生日，星期三参加行业聚会等。

为了更清楚地管理时间，你还可以使用 5W1H 原则。

5W1H 即 5 个 W 和 1 个 H 开头的英文单词，分别是 What、When、Where、Who、Why 以及 How。What，这是你工作计划的内容。然后，你计划什么时间完成，或在什么时间段完成，即 When。你的项目由谁实施或需要哪些人协助实施，即 Who。你的项目将在哪儿完成，即 Where。你的项目有什么意义，为何要做，即 Why。接下来，你就可以选择如何去进行你的项目了，即 How。

通过 5W1H 计划分解，你是不是可以明确如何行动了？而且，每项内容都可以找到对应的入手方式。这就是具象法的作用——一切一目了然，一切尽在掌握。

三只青蛙法：如何确定一天中最重要的事

"如果你必须吃掉一只青蛙，不要长时间地盯着它看。如果你必须连着吃掉三只青蛙，记得要先吃掉最大、最丑的那只。"这是美国作家博恩·凯西的一句名言。

吃青蛙是什么？是吃田地里的活青蛙吗？不是的。在这里，吃青蛙是一个时间管理理念，指的是那些需要重点处理的事情。它们就是你必须吃掉的“三只青蛙”，其中最难完成的任务或者意义最大的那件事情就是那只“最大、最丑”的青蛙。而那些不重要的事情，应该尽量延迟处理或排除在外。

道理很简单，每一个人的时间和精力都是有限的，而想做的事情和不得不做的事情，加起来非常多。你根本没有办法去兼顾那么多的事情。如果不能及时地找出“三只青蛙”，而是将时间花在无关紧要的事情上，那么，你的时间就会被一点点地消磨掉。当时间越来越少的时候，那么，重要的事情就很难完成了，或者完成的时间越来越紧迫，完成的质量就会被大大地降低，如此工作效率怎么会高？

孙尚是一家企业的销售人员。他每天看上去都很忙，身心疲惫，但是所取得的成就却不显著。无奈之下，他只好向一位成功的前辈请教：“为什么会这样？”

前辈问：“你每天忙些什么？”

孙尚答：“太多了。为了更好地说服客户，每次拜访客户之前，我都要事先了解客户企业的情况，包括企业的发展历史、战略规划、产品线、营销策略、目前急需解决的问题，甚至包括客户的个人喜好等，以便准确地把握客户的需求点，并且预测沟通过程中可能发生的各种情况，制定应对方案。”

“问题就出在这里。”前辈解释道，“你做得太多，却不得法。”

“什么意思？”孙尚不解地追问。

“了解客户企业的情况，对于销售员来说，当然是必需的。但最重要的是你的产品。”前辈进一步解释道，“你要熟知产品的种种信息，如它的功能、特点、优势等，并在此基础上找到产品和客户的契合点。你对客户的情况再了解，当客户问及产品时，如果你一知半解，那么，销售也是不可能成功的。”

你是否曾为这样一个问题困惑呢？——明明比别人更有能力，更努力，却总是收效甚微？不要疑惑，不要抱怨，你应该先问问自己，你所做的事情有多少“含金量”呢？或者更直接地说，你是否认识到核心的问题，有些事忙得并不得法，真正要做的事没有完成，无关紧要的事却做了很多。

相信，每个销售员都希望在同一时间内，能完成更多的工作，使得时间效益最大化。但这里的前提是，你必须把时间用在最该付出的地方。

这就涉及意大利经济学家帕累托提出的80/20法则，即要把80%的时间花在能产出最大效益的20%的事情上。利用80/20法则，每天花80%的时间，集中精力，专门对付这“三只青蛙”（约占20%的事），坚持不懈，你的人生就能取得完全不同的成就。

其实，如果注意观察的话，你就会发现，一流的销售员有一个共同的特点，就是懂得舍得，懂得抓大放小，先吃那只“最大、最丑的”青蛙。

唐姆是一名出色的销售经理，但他并不是工作狂。他逍遥自在，业绩斐然。

唐姆的手上从未同时有三件以上的急事，通常一次只有一件，其他事情则暂时摆在一旁。而且，他会把大部分时间拿来思考那些最具价值的工作。比如，公司的总体发展规划、年度工作任务、行业发展前景等。唐姆只参加重要客户的会议，走访一些重要顾客，然后把精力拿来思考如何实现与重要客户的交易，以及公司如何能够获得最大利益，接下来再安排用最少的人力实现此目的。唐姆把产品的知识传授给下属，时常会观察公司谁是某项工作最合适的执行者。在对象确定后，他会将下属们叫到办公室，讲解他对每一个人的要求，让他们放手去做，自己则负责监督工作进度……

分清轻重缓急，设计优先顺序，这是时间管理的方法，也是高效工作的捷径。

响个不停的电话，接待不完的客户，开不完的会议，以及多如牛毛的朋友聚会……如何确定你的“三只青蛙”，尤其是那只“最大、最丑的”青蛙呢？利用四象限法则可以更好地解决这个问题。而当你判断出哪只青蛙是最大、最丑的时候，你就可以开始接下来的步骤。

每天工作结束时，你要回顾一下当天的任务清单，然后问自己下面几个问题。

今天有哪些工作使我更接近我的目标呢？

今天效率最低的事情、效率最高的事情，分别是什么？

如果再有一次机会，我会在哪些地方做得更好？

做哪些工作，能够给我最大的满足感？

……

仔细考虑这些问题后，你就能确定自己是否吃对了“青蛙”，进而有重点地安排工作，让工作变得更有效率，并产生更大的效益。

番茄工作法：为自己制作一个高效工作计时器

长时间地投入一项工作，尤其是全新的销售活动是非常艰难的事情。当我们试图从庞大的数据中找到潜在客户，试图整理数千条客户信息，试图寻找办法突破客户心理防线时，我们的精力和大脑都将面临巨大的挑战。

我们的工作效率从高效降到低效，再到难以进行下去。我们的心情从兴奋到低落，再到烦躁不已，而疲惫和压力积累到一定程度，工作就很难向前推进了。不知不觉，我们开始回避问题，或是发呆，或是长时间地思考一个问题……总之，就是找各种理由来拖延，让自己逃避这个工作。

可以说，我们想快速行动，尽快结束手里的任务。可是，长时间的压力让我们变得工作低效，在任务面前退让、拖延。即便是再专注、再富有热情的销售员恐怕也无法摆脱这种状态。这是因为人会疲惫，不可能长时间地专注、埋头工作。

当然，这种状况也不是无法改变的。这不弗朗西斯科·西里洛便想出了一个绝妙的方法——番茄工作法。这个方法很简单，却对于提高工作效率非常有效。

你只需要一支笔、一张纸、一个计时器（钟表、手机）就可以了。

把任务记录在纸上（比如筛选客户信息，寻找潜在客户）——设定计时器为25分钟——开始全身心地工作——计时器响起，停止工作——休息5分钟——休息结束后，新的阶段开始。

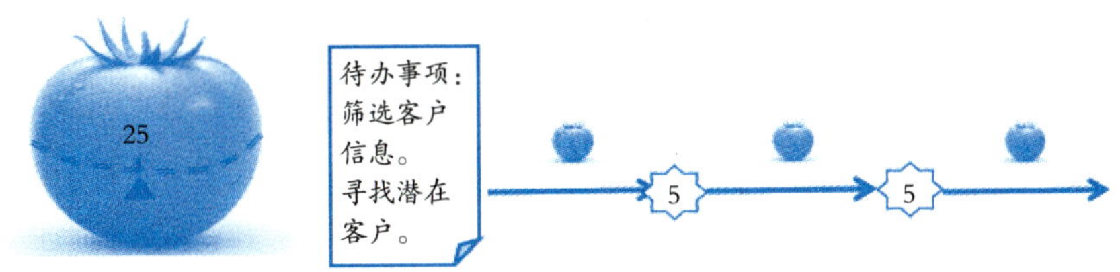

图 9.3　番茄钟

是不是很简单？当然，你需要记住，在这25分钟内，你必须专注地工作，中途不允许做任何与该任务无关的事情，直到番茄时钟响起。而休息时，你需要放下工作，离开座位，或是走出办公室，与人聊一聊，喝一杯咖啡，或是站在窗户前远眺，或是做一些伸展运动。

短短的5分钟休息，可以让你的大脑和身体得到放松，并且释放工作的紧张感和压力感，从而保障在下一个番茄时间能快速地集中注意力，进入良好的工作状态。

同时，你可以把1个小时分为2个番茄时间，然后把4次番茄时间定为一组。在一组时间结束后，让自己长时间休息一下。此时，你已经高效工作了2个小时，让自己的身心放松一下，休息15～20分钟，更有利于以较好的精神状态投入工作。

番茄工作法，就是把你每天的时间分成若干个小段，然后督促自己在每个时间段心无旁骛地专注于手头的任务。当然，若是你能记录每阶段完成的任务，让自己看到努力工作的成效，那么，就可以激励自己更加专注和努力。

这不仅适用于复杂、长阶段的工作，也适用于处理烦琐的小事。比如，你上午的工作时间是 9 点到 12 点，共 3 个小时，那么，你就可以把时间分为 5 个番茄时间。前 4 个番茄时间为一组，集中处理要事、大事，之后休息 20 分钟，最后 1 个番茄时间集中处理繁杂的小事，回复邮件、打电话等等，最后再休息 10 分钟。

比如，6 月 15 日，上午 9 点到 12 点，确定 20 个目标客户。你便可以这样利用番茄时间：9 点上班，20 分钟内，制订一天的工作计划，确定当天的工作目标。启动一个番茄时钟：9 点 20 分 –9 点 45 分，确定 5 个目标客户，有效电话联系 3 个；9 点 45 分 –9 点 50 分，休息。9 点 50 分 –10 点 15 分，确定 5 个目标客户，有效电话联系 2 个……11 点 15 分 –11 点 35 分，休息 20 分钟；11 点 35 分 –12 点，处理繁杂小事。与同事沟通、回复信息、查看客户反馈信息，等等。12 点，下班。

在上午这 5 个番茄时间内，你高效地处理了很多重要的任务，以及各种小事、不重要的事务。你会惊奇地发现："哇！真不敢相信，我竟然确定了 20 个客户，有效联系 11 个。"而不是说："哎，几个小时过去了，我几乎什么都没做。""我忙忙碌碌半天，为什么只确定了几个客户？"

丽丽就是一个忠实的"番茄工作法"拥护者。她 9 点上班之后便启动了第一个番茄时间，简单地处理一下邮件，查看客户的信息反馈，并且做好今天的工作计划，填好待办事项的表格。然后，她做一些整理准备工作，查看客户信息是否准备齐全，文件是否准备妥当。

当番茄钟响铃时，她就开始休息，喝水、上厕所、伸展筋骨……

接下来，第二个番茄时间开始了，丽丽已经进入了工作状态，此时是联系客户的最佳时间。于是，她开始上午第一个具有效率的时间段。利用这 25 分钟，她开始筛选目标客户，调查潜在客户的信息，并且确定 3～5 个联系人。

第二个番茄时间结束，丽丽继续放松、休息，伸展伸展四肢，放松放松

神经。

第三个番茄时间开始，丽丽开始与客户电话联系，与客户沟通方案，与团队讨论谈判策略……

就这样，在繁忙的工作中，丽丽每天都利用番茄工作法管理自己的时间，高效地完成了重要任务，成了公司内客户资源最广泛、业绩最突出的人。不仅如此，她还将番茄工作法推荐给其他同事，提高了该部门的整体工作效率和业绩。

番茄工作法之所以如此有效，主要是因为看似简单的时间分配方式，却包含了提高工作效率的两个要点。

第一，时间管理。番茄工作法是一种非常高效的时间管理方式，不仅可以利用间歇性的休息，来保证自己拥有足够的精力，更是能够从心理上带给我们足够的刺激。人的怠惰主要就是从这两方面而来，特别是心理上的怠惰。

利用番茄工作法，利用挑战自己的方式，向自己施加压力，那么，就能够让自己更加努力地工作。如果前一段时间的工作效率并不高，那么也能够刺激自己，告诉自己既定目标还没有完成，需要更加努力。

第二，养成工作习惯。很多人都有注意力无法集中的毛病，不管是工作，还是做别的事情，总是经常分心，影响执行力。就是因为这种毛病，他们的满腔热情只能付诸东流，拿不出什么成绩来。番茄工作法是一种提高短期专注力的方法，可以强迫一个人在一段时间内必须将时间用在正确的地方。即便是不工作，也不许做其他事情。傻坐着，还是强迫自己工作，只要你能够做出正常的选择，那么番茄工作法就可以有效地提高工作效率。

而想要彻底地执行番茄工作法，你必须完成第一步，列出今日待办事项，并且对它们进行优先次序的排列。若是接到比较紧急，但不是必须优先完成的任务，比如市场、运营等方面的反馈或任务，客户投诉等，你需要结束原本的工作计划，重新制订工作计划及番茄时间来处理。

当然，番茄时间也并非必须是 25+5 的时间模式，你可以根据自身情况设置时间，比如 35+5，40+7。但是，专注于工作的时间最少不能少于 20 分钟，休息时间也不能太长，否则，效果就会大打折扣。

DLD 效应：你为什么总是突破“最后时限”

减少和杜绝时间浪费，最有效的方法之一就是提高执行力。执行力越强，将时间计划真正落实到位的程度就越高，在单位时间内能够创造出的价值就越高。这就是时间管理的效能体现。

具体来说，比如甲和乙都是某公司的销售员，工作能力相仿，负责的项目类别也大致相同，每天工作时间都是 8 个小时。如果甲注重时间管理，执行力强，而乙不注重时间管理，执行力弱，那么，双方的差距就会显现出来。

——甲每天可以挖掘 30 个客户，打 20 个电话，而乙则只能挖掘 15 个客户，打 10 个电话。

——甲打 20 个电话，成功预约 10 个客户，并详细了解其姓名、工作地址、兴趣爱好、是否有购买意向，且预定了见面沟通的时间和地点。而乙则成功预约 6 个客户，只是简单地询问：“您是不是需要我们的产品……”

——甲一天的工作是有计划的，选择正确的做事顺序，并且计划好各项事宜后立即执行，做事干脆利索。而乙虽然也有工作计划，但常常拖延。乙明明已经打算做某件事情，却不断地推迟行动的时间，不是忙一些繁杂小事，就是坐在办公桌前发呆、走思。

——甲按部就班地完成任务，执行力强，不拖延，不懒散。而乙则总是习惯将事情拖延到最后期限。比如，一天的多半时间都无所事事。为了完成联系的客户数量，等到快下班的时候拼命打电话。每个月都制订了销售目标，但总是多数

时间用于玩乐，不到月底不冲刺。

相比之下，甲更善于管理时间和自己的行动，有较强的执行力和自控力，业绩也更好。而乙则时间管理意识淡薄，行动力和控制力都较差，业绩自然也就无法突出。

事实上，像乙这样执行力不强的销售员，往往都不是没有时间计划的人。他们最初也给自己制订了计划。比如，上午下班前整理好客户电话，4 点前打完 20 个电话。可问题就在于，他们明明知道自己有任务在身，却不立即执行，而是过度依赖“最后期限”。

他们习惯给自己制定最后期限，督促自己尽快行动，以保证工作效率的提高。殊不知，这却成为他们拖延、不行动的“保护伞”。他们总是觉得“最后期限”没到，自己完全没有必要马上行动。等到期限快到时再行动，照样可以做得出色。结果，他们每次都等快到“最后期限”时才匆忙去做，不是超过了自己设定的最后期限，就是拼命地赶进度，从而无法真正高效、高质量地完成工作。

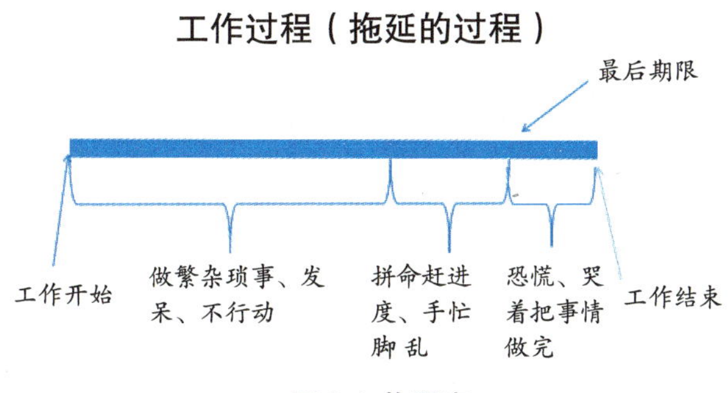

图 9.4　拖延症

苏菲就属于这种情况，8 点半上班之后给自己制订了一天的任务目标：寻找 50 名潜在客户，筛选客户资料，确定目标客户。给目标客户打电话，在下午 4 点前打最少 20 个电话；制订第二天的拜访客户计划。

结果计划是制订好了，可行动上她却出现了很多问题。

苏菲觉得只要在下午 4 点前打完电话就好了，上午根本不需要着急。高效都是被逼出来的。只有等到最后时刻，她才能集中精神。

苏菲觉得工作前应该调整好自己的状态。于是，她为自己泡上一杯咖啡。喝完咖啡之后，她还是没有行动，开始处理手头的邮件、信件，整理桌上的文件、书籍，理由是："处理好繁杂琐事才能全身心地投入工作。"可等她做好这些事情后，时间已经过去 1 个半小时。

苏菲认为一天的电话量不多，自己不用太着急，上午可以处理一些简单的事务，或是让自己放松一下，等到下午再打电话也来得及。

给客户打电话，苏菲怕遭到客户的拒绝，或是客户的抱怨。于是，她在是否要打电话的问题上犹豫了好几分钟……

就这样，苏菲太过于依赖"最后时限"，总是喜欢将事情拖到最后一刻才完成，到下午 3 点才开始疯狂地打电话。她以为自己可以高效地完成任务。可是忙乱、恐慌随之而来，到下班之前她只打了十几个电话，且基本都是无效电话——在赶工的情况下工作，效果怎么可能好?

管理学大师彼得·德鲁克说过："管理是一种实践，其本质不在于'知'，而在于行。"这里的"行"就是执行力，就是高效、实在的行动。时间管理，表面上是管理自己的时间，可实际上是管理自己的行为。即使你的计划做得再好，策划做得再完美，没有高效的行动，那么，时间管理也是空谈，业绩更无法得到提升。

可以说，如果成功是 100%的话，前面的所有准备：完美的设想，确定的目标，制订的计划，所有的心理准备以及各种技能的学习，能力的储备，金钱的付出等算作 99%，而最后的 1%就是行动。没有最后的付诸行动，前面的 99%都将是水中月，镜中花。

为自己制定"最后时限"，确实可以让你避免无限期的拖延。但关键还看你是否有足够的自制力，把马上行动和最后时限有效地结合起来。只有克服"不到

最后期限不行动”的心理，摆脱“高效都是被逼出来”的错误认识，马上行动起来，提高自己的执行力，你的时间管理才最有含金量。

所以，制定“最后时限”之前，你还应该弄清楚以下几个问题。

——今天的工作任务是什么，能否完成？

——时间计划是什么，能否高效执行？

——最重要的事情是什么，是否立即完成？

——是需要做得更多，还是做得更快更好？

——马上开始行动，还是习惯拖延？

——“最后时限”真的有利于执行吗？

——我的“最后时限”是否合理？

——我时常突破“最后时限”吗？

明确自己的目标和决心，合理利用“最后时限”效应，你的时间管理才能得到落实，并且产生真正的价值。

蛋糕切分法：如何一步一步搞定要事

很多销售员总是倾向于做简单、有趣、新奇的事情。可是不得不承认，那些对你来说有价值、出业绩的事情，却往往是颇具挑战的大任务。这些大任务做起来困难重重，周期长，乏味无趣，很容易让人陷入困倦、烦躁的情绪中，从而让人感觉“这太难了”“任务怎么还完不成”“我坚持不下去了”。

慢慢地，你的热情被消耗，行为变得迟缓，效率变得低下，以致任务完成得虎头蛇尾，无法达到预期的效果。甚至有人还因为任务太难而半途而废。因此，我们不得不学习一些时间管理方法来有效地处理这些重要而且耗时长的任务。

就好像面对一块大大的蛋糕，绝大部分人不知道应该从哪里下口，也不可能一下全部吃掉。这个时候，我们若是拿个小刀，找个合适的位置，先切下一小块，慢慢地吃掉它，然后再一小块一小块地搞定其他部分，那么，吃掉大蛋糕也就没有那么难了。

一步一个脚印地搞定重要任务、长期任务，这就是管理时间的有效方法。人们形象地把它称之为“蛋糕切分法”。做任何事情，学会把目光从“大蛋糕”身上收回，转而把“大蛋糕”分为几小份，然后一块一块地慢慢品尝，不仅能慢慢地蚕食掉“大蛋糕”，还可以真正地品尝其中滋味。

简单来说，重要、长远的任务都不可能仅仅通过一次行动就能搞定，与其被它难住、拖住，不如制订一份行动计划——把大任务分为若干个小任务，把完成时间分为若干个时间段，然后，找出第一步需要做的事情，并且认真地把它做好。之后，再一步步地做好第二个小任务、第三个小任务……相信，无论多么重大、耗时多长的任务，你都可以高效、高质量地搞定。

日本马拉松选手山田本一就是按照这个办法实现了自己的梦想。他曾经是一个名不见经传的选手，却战胜了多名世界名将，成为东京国际马拉松邀请赛的世界冠军。很多人认为他夺冠是一个偶然。可事实证明，他凭借的是自己的能力和智慧——两年后，他再次获得了冠军。

在接受记者采访时，他总是神秘地说：“我凭借智慧赢了对手。”可没有人知道他的秘诀是什么。后来，山田本一在自传中揭晓了答案——每次比赛前，他都会提前将比赛线路仔细勘察一遍，并沿途记下比较醒目的标志——银行、红房子、大厦、旗帜等。然后，他把整个路线分为几个阶段，每个标志都是一个小目标。比赛开始后，他以飞快的速度向着第一个目标奔跑，然后是第二个、第三个……最后，他奔向最后一个目标——终点，完成了 40 多公里的整个赛程。

他说：“每完成一个目标，都会让我增加一些动力和信心，并且，知道自己距离终点又近了一些。如此一来，整个赛程就轻松地完成了。开始我并不懂得这

个道理，而是将目标设定在最终的终点线上，结果跑到十几公里就已经疲惫不堪了。”

可以说，通常人们完成不了任务，并不是能力不够，或是行动力不强，而是认为成功太难了。把大蛋糕分为几等份，把大任务分为几个阶段，然后，一步一步地走，一个目标一个目标地完成，那么，结果就会是另一个样子。

方先生是一家企业的营销经理。他需要与一个重要的潜在客户召开一次重要会议。会议非常重要，方先生需要准备的事项非常多。为了与客户更好地沟通，赢得客户的信任和青睐，方先生把任务进行了以下切分。

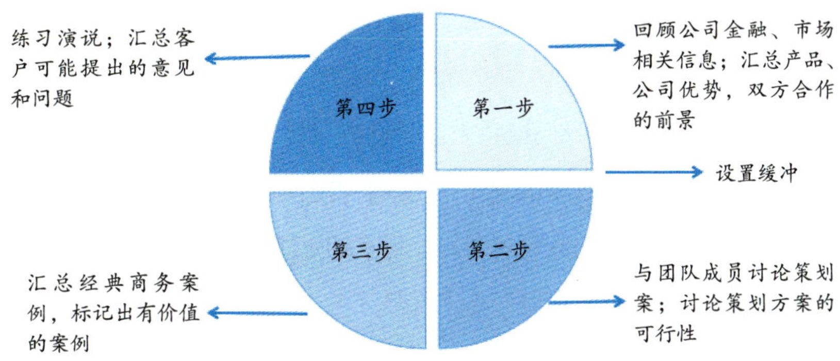

图 9.5 切蛋糕的四个步骤

通过把大任务切割划分成可执行的小任务，一步一步地完成相应事项，方先生最终高效地完成了任务，并且在之后的商谈中取得了不错的效果。

效率管理专家戴维·艾伦就非常重视蛋糕的切分。他认为，把大任务划分为几个小任务是至关重要的，这使得我们的注意力就从庞大、无从下手的目标上集中到较为具体、易于操作的行动上来，从而避免了拖延。

当然，并不是你运用了蛋糕切分法来管理重大任务就万事大吉了。想要真正实现高效，你还必须注意以下几个要点。

第一，你的每一步行动都应该有目标，能得到一个明确的结果。清晰的结果有助于你产生成就感、自豪感，从而有干劲和热情开始下一步的行动。

第二，避免多任务处理，因为这会降低你的工作效率。比如，挖掘潜在客户是一系列比较困难的任务，你需要网络调研、计划、打电话、发送邮件、记录、拜访。如果把该工作分为不同的阶段，用几个时间块来进行，那么，你就会高效地完成这一任务。

比如，你可以分为三个阶段：第一阶段网络调研，记录众多的客户信息；第二阶段筛选客户信息，打电话；第三阶段记录有价值的信息，拜访客户。一步一步地按部就班，那么，就可以有效地开发潜在客户。可若是你一边网络调研，一边打电话，打了电话就去拜访，那么，就可能做很多无效的工作，既浪费时间，又浪费精力。

第三，要设定缓冲。我们把重大且长远的目标划分为几个阶段，目的就是使任务变得简单、具体而且可以操作，使我们自己不至于失去耐心、热情。可若是你不懂得在各个时间段之间设置缓冲，那么切分任务的做法就没有意义了。完成第一步之时，让自己暂时休息一下，享受一下工作的成果，这有助于我们继续完成之后的任务，并且可以激发我们工作的热情和积极性，促使我们工作做得更出色。

第十章

在生活中销售而不是在销售中生活

很多销售员都在努力地工作，拼命地提升业绩。为此，他们牺牲了休息、娱乐，甚至睡眠时间。可这却是高效工作的天敌，是你工作效率下降的根源。想要成为销售冠军，你就必须懂得协调生活和工作之间的关系，做到高效休息，高效工作，用业余活动激发工作活力。

生活管理也是时间管理

很多人的时间管理仅限于工作，工作之外的生活是无序、凌乱的。好不容易周末休息，你想看电影、约会，或是做自己想做的事情，可是忙忙碌碌一天，想做的事情还是没做成。

仔细观察一下，你是真的有那么多事要忙吗？其实，并非如此，因为你没有做好时间管理，时间都在不知不觉中浪费掉了——因为第二天要休息，所以晚上狂欢、玩通宵、追剧、刷微博，然后第二天睡到自然醒，上午 10 点左右或是中午才起床吃饭。接下来，整理房间、打扫卫生、无所事事、做事拖延、瞎忙……

具体来说，某些年轻的销售员都把时间浪费在了下面的这些事情上。

第一，饭局或者无意义的聚会。最浪费时间的事情莫过于一顿饭局、一次无意义的聚会。通常一顿饭或一次聚会往往要花费 2～3 个小时，吃吃喝喝，吹吹牛，说说段子，时间就这样无声无息地过去了。

第二，刷微博、抖音，没有目的地上网。网络也是最可怕的时间杀手。很多年轻人现在离不开手机，吃饭、坐车、睡觉前、上厕所，甚至是走路都拿着手机看，不停地刷微博、抖音，看别人的朋友圈，看有趣的小视频，没有目的地在网上闲逛……

事实上，很多人都把休息时间浪费在了网络上，最后却没有任何收获，而且，身心也没有得到充分的放松，反而是一身的疲惫。想一想，真是一件令人恐惧的事情。

第三，行动迟缓，凡事不能马上行动。同工作上的表现一样，很多人习惯拖延，想到一件事却不马上动手去做。比如，想要收拾房间，却对自己说：“想看会电视，等下午再收拾吧。”“也不是那么脏，不如明天再说吧。”结果，上午推到下午，下午推到晚上，之后又推到明天。想要锻炼身体，并且做好了锻炼计划，可一到行动的时候就退缩了，把计划视为无物。

行动迟缓的人一般都是不能自律的人，无限度地纵容自己。“我有一整天时间来做这件事，那么着急做什么？”结果一个小时能完成的事情却拖了一整天。

第四，同时做几件事情，不能专注地做事。很多年轻的销售员，尤其是女性，喜欢同时做几件事情，一边打扫卫生一边看电视，一边做饭一边玩手机。她们认为这样做事可以两不误，可事实却浪费了一大把时间。扫地、拖地明明是半个小时就能完成，可是一边看电视一边做卫生，就有可能花费一上午的时间。很多时候，她的注意力都被电视情节吸引了，停下手里的活，直到广告时间才继续劳动。

第五，做事马马虎虎，丢三落四，没有条理和规律。随性而又没有条理的生活也等于是在浪费时间。习惯把衣服、物品、书籍乱放，不仅影响家的整洁，而且找东西也会浪费很多时间。况且，把家里弄得乱七八糟，所有东西都胡乱堆放，每隔一段时间就得花大量的时间来整理。

除此之外，胡思乱想，过于多愁善感，也是浪费时间的行为。很多销售员因为客户难缠，因为在同事那受了委屈，不能在公司发泄，便回家来“疗伤”，让自己陷入长时间的自怨自艾之中。“为什么我这么倒霉，遇到这么难缠的客户？”“为什么同事都欺负我？”“这件事情到底是不是我的错？我要是……就好了！”……

总之，这些人生活忙乱、无序，就是因为没有注重时间管理，没有把自己的时间安排好。如果做到了有目标，有计划，并且合理地安排时间，那么，就不会浪费那么多时间，并且可以做自己想做的事情，让生活变得有趣、有序、有

意义。

那么，你应该如何安排每一天的时间，管理好自己的生活呢？

首先，你需要明白一个道理，所谓时间管理，不仅仅是管理时间，而是管理好我们自己。你要想清楚，你想要过什么样的生活，想要成为什么样的人。你若是想过一天混一天，糊里糊涂地生活，那么，就不会在乎时间是否浪费，也不会精心地规划、管理自己的时间。可若是你想要过精致的生活，让每一天都有意义，并且有自己的目标和理想，那么就会舍弃“自在”“玩乐”，知道什么事情该做，什么事情不该做，知道什么是重要和不重要的，该把时间和精力都分配到哪些事情上了。

其次，管理生活说起来容易，但是做起来并不简单。毕竟销售员需要面对紧张、高压的工作，每天都非常忙碌，而休息时间追求的就是自由自在，不想给自己太多的限制和约束。可是，工作中自律，生活中放纵，只能让你的生活越来越乱，并且还可能影响工作的效率。

所以，你必须建立有规律的作息时间，不要因为休息就放纵自己，黑白颠倒，熬通宵。与平时工作一样，养成早睡早起的习惯，11 点之前入睡，保证 7～9 小时的睡眠，然后按时吃饭，多做运动，做好一天的计划，生活自然就会变得有序起来，而且会越来越美好。

再次，做好计划，要事为先。

不管是谁，每天都有做不完的事，其中大多数是没有意义的琐事，而你唯一能做的就是分清轻重缓急，以要事为先。比如，周末你需要处理这些事情，帮孩子买文具，带孩子去公园，交水电费，洗衣服，打扫房间，看望生病的长辈，更换灯泡，给父母打电话，运动健身……

其实，我们很容易就可以分清哪件事重要，哪件事不重要，哪件事迫在眉睫，哪件事可以缓一缓。首先，看望生病的长辈是最重要的，并且比较紧急，你需要先做这件事。其次是交水电费，换灯泡，给父母打电话，然后是带孩子去公园，这可以和帮孩子买文具一起处理，然后是洗衣服，打扫房间，运动健身，等等。

若是你不能做好计划，先做不重要的事情，那么就会耽误事情，却让自己手忙脚乱。当然，想要做好时间计划，你就需要学会记录时间开销，就像理财一样，搞清楚自己的时间都用来做了哪些事情。

你可以准备一个笔记本，或是记在手机上。当然，现在也有很多时间管理的App，你也可以利用这些软件来记录自己的时间开销。比如，你可以逐条记录一整天所做的事情，也可以记录重要、主要的事情。但是，不管哪种方式都必须记录每件事情所花费的时间，并且进行总结和归纳，看哪些事情是有价值的，哪些事情是浪费时间的。

你可以逐条记录每天所做的事情，如表10.1。

表10.1　每天所做的事情

事件	时间	时长	是否浪费时间	重要与否	备注
睡觉	23点-7点	8小时	否	是	睡前刷微博、抖音不在少数
早饭	7点-7点半	半个小时	否	是	
打扫	9点-10点半	1个半小时			打扫、吃饭期间同时刷微博、抖音
刷微博、抖音	10点半-12点	1个半小时	是	否	
与朋友吃饭、闲聊	12点-13点半	1个半小时	是	否	
逛街	14点-16点	2个小时	是	否	
接听电话	不定时	10-30分钟	视情况而定	视情况而定	很多人喜欢煲电话粥，东拉西扯
去超市	16点半-18点	1个半小时	视情况而定	否	

续表

事件	时间	时长	是否浪费时间	重要与否	备注
晚饭	19 点 –20 点	1 个小时	否	是	
看电视	20 点 –22 点	2 个小时	是	否	
运动	22 点 –22 点半	半个小时	否	是	
洗澡	22 点半 –23 点	半个小时	否	是	

记录每天中的重要事件，如表 10.2。

表 10.2　每天做的重要事情

事件	时间	时长	是否浪费时间	重要与否
睡觉	23 点 –7 点	8 小时	否	是
打扫	9 点 –10 点半	1 个半小时	否	是
拜访朋友	10 点半 –12 点	1 个半小时	否	是
与朋友吃饭、闲聊	12 点 –13 点半	1 个半小时	是	否
去超市	16 点半 –18 点	1 个半小时	视情况而定	否
运动	22 点 –22 点半	半个小时	否	是

类似的时间表需要记录一个星期，或是一个月。通过观察、对比两表的内容，就知道你的时间都花在哪里了。如此，你就可以知道自己的生活是否有序，你的时间是否创造了价值，以及自己的时间都浪费在哪里了。然后，你就需要把那些浪费时间又没有价值的事情从自己的生活中清除，合理地利用和管理自己的时间。

总之，焦头烂额不应该是生活的常态，浪费时间也不应该成为生活的习惯。

管理好生活，管理好工作之外的时间，你才能成为优秀的时间管理者，才能成为销售冠军。

不休息的工作就是在浪费时间

销售这一份工作，是需要付出努力和时间的。很多销售员为了业绩把全部时间都花在了工作上，扩展客户源，与客户谈判，跟踪维护客户……在他们看来，自己越是努力，业绩就越好，事业就越有起色，随之而来的是生活就越好。

然而，高强度、长时间的工作越来越多地挤压掉了这些“工作狂”的生活空间，8 小时之内是客户，8 小时之外还是客户。一些销售员几乎一天工作十几个小时，连续一个月都不休息一天。他们每天不是拜访客户，就是在拜访客户的路上，就像一个高速旋转的陀螺，永远无法让自己停下来。

对于他们来说，休息就是浪费时间，不讲效率就是落后。然而，我们需要说的是，不休息的工作，就是浪费时间。不懂得休息，就无法高效地利用时间，就无法使自己的努力获得最好的业绩和创造最大的价值。机器在长时间运转之后还需要休息一段时间，才能保证之后正常的运转，何况是人呢。

长时间的处于紧张状态，就像是一根长时间压紧的弹簧，渐渐地就会失去了原有的弹性，终有一天会彻底崩断。即便不崩断，身体和精神的疲惫也会让人无法集中精力，无法高效地工作。时间长了，厌烦、烦躁、不安等情绪也会逐渐侵入，使人承受巨大的心理压力，甚至可能造成情绪不稳定、慢性神经衰弱等毛病。

英国科学家贝弗里奇就曾经说过：“疲劳过度的人是在追逐死亡。”疲劳，是一种信号。它提醒你，你的机体已经超过正常负荷，出现疲劳感就应该进行调整

和休息，要做到劳逸结合，张弛有度。如果长期处于疲劳状态，不仅降低了工作效率，还会诱发疾病。

所以，与其把时间浪费在效率低下的工作上，还不如改变自己的步调，平衡工作和休息之间的关系。真正优秀的销售冠军并不是用时间来“买”业绩的，更不是只知道工作，却不懂得休息的。他们是优秀的时间管理大师，工作时间内全力以赴地工作，如果累了就让自己彻底地放松休息。

赵飞毕业后，如愿以偿地进入了一家品牌电脑公司，成为一名市场销售员。为了让自己尽快成长起来，赵飞把全部心思都投入到了工作中，上午整理客户资料，给客户打电话，下午一家一家地拜访客户。其间为了学习更多的经验和知识，赵飞还时常找老员工请教，上网查询销售宝典。

赵飞知道，勤奋就是销售人的成功宝典。所以在上班时间内，他不仅完成经理安排的客户拜访，还想办法开发更多的客户。别人拜访 10 个客户，他就拜访 20 个；别人跑三趟，他就跑十趟。只要是客户打电话，他就以最快的速度赶过去，不管是工作时间，还是休息时间。

果然，勤奋换来的是业绩。仅仅半年时间，赵飞就成为公司业绩最突出的新员工，甚至比其他老员工的业绩都要高很多。可随之而来的是，他的休息时间越来越少，生活几乎已经全被工作占据，就别说什么娱乐活动了。

最近，一位大学同学约赵飞聚一聚，并且找一个周末去拜访当年的班主任。可赵飞却始终腾不出时间。那位大学同学质疑道：“你就这么忙碌吗？连聚会的时间都没有？你到底有多长时间没休息了？”直到这时，赵飞才意识到自己有两个月没有休息了，身体和精神都疲惫不已。可是，他只能无奈地说：“这也没办法！想要业绩突出，我就必须努力，就必须比别人付出更多的时间和精力，否则，怎么能够在这个公司立足？”

然而，这样的好势头并没有持续多久。慢慢地赵飞感觉越来越容易疲劳，整个人的精神状态也开始萎靡不振。他的工作效率明显降低了，以往一天可以拜访

10 个客户，现在却只能拜访三五个。在与客户交谈的时候，他开始无法集中精神，总是不经意地走神。在写市场报告的时候，他竟然频繁地犯一些低级错误，甚至还把小数点搞错了……

所以说，千万不要觉得把全部时间都投入到工作上，就能够提升工作效率，就能让自己的业绩超越其他人。事实上，延长工作的时间，并忽视休息，是销售员最愚蠢的做法。英国文艺评论家海斯利特就曾经说过："工作，越做越会工作。越是忙碌，就越会有闲暇。"人不可能避免疲劳，更不可能在身体和精神疲惫的情况下保持高效工作。休息是获得充沛体力、旺盛精力的前提和保障。

那么，销售人员如何平衡工作和休息之间的关系呢?

首先，你需要把工作和休息区分开，不要把工作看成生命的全部。长时间、高强度的工作只能让自己更加疲惫，降低工作效率，到最后无论在身体上，还是精神上都撑不下去了。

你需要做的是：制订工作计划表，当完成计划后就让自己休息一下，可以和家人一起休闲娱乐，也可以做一些运动；身体和精神疲惫之后，可以尝试着给自己放一个假，给自己充一次电，保持生活的生机与活力；保证足够的睡眠，不要经常熬夜；尽量不把工作带回家……

事实上，很多勤奋的名人都不会把全部时间用在工作上，而是劳逸结合，合理地安排自己的时间。他们在工作之余为自己安排了散步、下午茶、社交活动、休息等，更保证了睡眠的充足。

我们也可以为自己设定一个时间表，见图 10.1。

当然，具体什么时间休息，休息时间做什么，可以根据个人情况而定。

其次，你应该改变认识。提升业绩的首要方法，不是延长工作时间，而是提升业务能力和工作效率。如果你无法提升业务能力，不能找到打动客户的关键，那么花费的时间就是浪费，所做的努力也是无用功。你不能提升工作效率，合理安排自己的时间，在错误的时间拜访客户，那么，就有可能让别人抢占了先机。

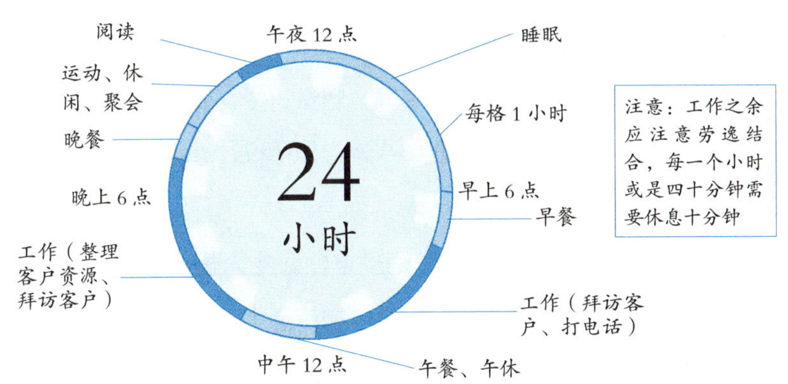

图 10.1　每天的工作、生活时间安排

最后，掌握高效休息的方法。想要高效休息，你就应该明白自己是在休息，还是在浪费时间。休息时最好不要看手机、上网、玩游戏，应该抽出几分钟散步、运动、听音乐。如此才能让自己的大脑和身体得到充分的休息，恢复良好的精神状态。

有句话说得好："最底层的工作者靠体力，中高级管理者靠智力，但顶级的企业家，又回过头来靠体力。"休息是为了工作蓄力。每天都疲惫不堪，就无法保持精神和身体的活力，又何谈工作和业绩？

想要提升销售业绩，那就协调好工作和休息的时间，只有做到张弛有度，劳逸结合，才能成为名副其实的销售冠军。

高效休息法：越忙碌的人越会休息

高效的工作离不开休息，因为休息可以让人摆脱疲劳、放松神经，重新变得精力充沛。可是，若你的休息并不能带来这些，或是无法尽快让你活力满满，那么你的休息就是低效，甚至是无效的。

苏菲是位营销经理，刚刚打完一场“艰难的战斗”——她们公司的产品想要入驻某知名商场，可该商场负责人非常难缠，脾气古怪，还有些吹毛求疵。为了达到这位负责人的标准，苏菲足足修改了八遍合作协议，进行了十几次谈判，而且每次谈判都持续几个小时。

工作完成后，苏菲已经筋疲力尽。她决定好好地休整一番。可休息了好几天，苏菲都没能恢复精力和活力，反而感觉更加疲惫了。而且她的这种状态持续了很长时间，以致工作效率低下，客户满意度降低。

为什么呢？这是因为她的休息是低效的。

很多销售员在繁忙的工作之后，想让自己彻底地好好休息。或是在埋头苦干之后，好好地睡个觉，休息一整天；或是在长时间的忙碌之后给自己放个假，去旅行散心；亦或是约三五个好友去唱歌、跳舞、打游戏；一到周末就睡个昏天黑地，不到中午不起床……

显然这些休息方式听起来非常轻松，看上去也非常 High。事实上，它们却是错误的休息方式。你以为那一整天是休息时间，却只睡几个小时觉，剩下的时间无非是看手机，玩游戏，抑或是逛街、狂欢。或许有人会说，难道看手机、玩游戏不可以让我们转换心情吗？的确没错，然而这些事情却无法使你恢复精力和注意力，反而消耗了更多的精力和注意力。甚至会让你对工作产生倦怠、厌烦的情绪，从而失去动力和激情。

你以为休假是放松，实际上却是放纵。休假期间，身在休息，心在客户，不时地接听客户电话，再加上不规律的作息，不仅没有让你恢复对工作的热情，反而让情绪变得比之前更消极。

你以为利用休息时间来补充睡眠，就可以缓解疲惫，让自己重新变得活力十足。可这只是表面上让身体得到了休息，实际上只会让你更加疲惫。当你专心做某件事情的时候，比如，和客户谈判，唇枪舌剑地谈论价格，大脑皮层是处于极

度兴奋状态的。这个时候，你的身体“静止”下来，你让自己进入睡眠，可大脑却依旧兴奋、活跃，如何能睡个好觉？又如何在之后高效地工作？

2018 年，某机构曾经对 90 后的睡眠情况进行调查。调查显示：绝大部分人睡眠不佳，上床之后辗转反侧，很难进入深度睡眠状态。

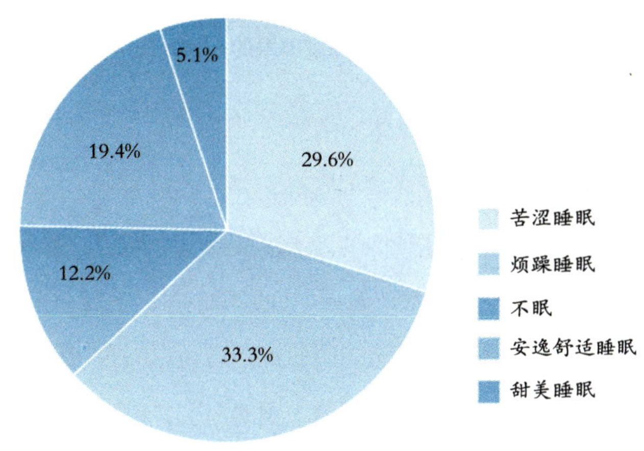

图 10.2 90 后睡眠状态

想要高效地工作，你最需要的不是立即让自己休息，而是找到高效休息的方法。只有高效休息，才能够让你拥有旺盛的精力和充沛的体力，你才能轻松自如地应对各种问题，并且尽快地提升业绩。

那么，如何高效地休息呢？

首先，高效睡眠是高效休息的保障。想要高效休息，你就必须知道如何进入高效睡眠。但这与睡眠时长并没有太大的关系。与睡眠时长相比，睡眠质量的提升更容易让人恢复精力。那么，具体来说，如何进入高效睡眠呢？

下面的图 10.3 中是七种有助于高效睡眠的方法。

深度睡眠
- 保持环境的安静，远离手机、电脑
- 听白噪音（舒缓的音乐）
- 坚持有规律的作息
- 避免喝茶、酒、咖啡
- 保证睡眠的舒适（舒适的枕头）
- 避免高脂肪、高蛋白的食物
- 升高体温，比如洗个热水澡

图 10.3 有助于深度睡眠的七种方法

下面我们只针对前三者进行具体的阐述。

第一，销售员必须保证休息环境的安静，并且远离电脑、手机等屏幕。这不仅让你更容易入睡，还可以让你轻松地进入深度睡眠。环境的安静并不是指绝对的安静，你可以在睡前听一听舒缓的音乐，让紧绷的神经放松下来。

经科学家研究，最有利于人们进入睡眠的声音是白噪音。所谓白噪音就是均匀、连续、有规律的声音。这些白噪音像下雨的声音，或者像海浪拍打岩石的声音，再或者像是风吹过树叶的沙沙声。

当然，高效的休息方式还应该是保持和工作期间同步的作息，按时起床，按时休息，按时吃饭，不熬夜，不晚起，不狂欢。只有如此，你的生物钟才不会紊乱，睡眠质量才能提高，从而促使你的精神状态迅速好转。

第二，高效休息要求我们利用好碎片时间。换一句话来说就是，在工作之余，疲惫之时，你要学会打个盹儿。

打盹儿，是高效休息的关键。你可以在拜访客户的路上，在车上小睡片刻；可以在午饭后，靠在椅子上小睡片刻；或者加班感觉困倦时，趴在桌子上睡一会儿。这样的休息方法不仅可以充分提高睡眠效率和睡眠质量，真正做到了“补眠”，还能保证身体的健康，避免各种疾病。

从生理学角度来说，人的大脑持续兴奋四五个小时之后，就会转入抑制状态。特别是午饭后，由于随血液进入大脑的氧气和营养物质的减少，人们会产生

精神不振、昏昏欲睡的感觉。这个时间，若是你安排午睡，打个盹儿，就可以迅速地消除疲劳，恢复体力。即便是 10 分钟、半个小时，也可以让你精力充沛。

美国哈佛大学的一位心理学家曾经指出，午后打盹儿可以改善人的心情，降低人体的紧张度，缓解压力。效果好的话，就像睡了一整夜（8 小时）。

德国杜塞尔多夫大学的奥拉夫·拉赫尔博士也曾经做过一个实验。实验结果发现：打个盹儿，不仅可以让人恢复体力，还可以帮助人们提高记忆力。打盹儿 5 分钟的人，记住的单词显然要比一直保持清醒时要多得多。

第三，世界上有许多名人都有白天打盹儿的习惯。英国的丘吉尔每天吃完中午饭之后都会小睡片刻。他曾经说过："正是靠这样，我才每天都保持着旺盛的精力，领导着英国军队取得了一场又一场胜利。"美国的比尔·克林顿也是每天午饭之后小睡半个小时，以保证下午和晚上的工作精力充沛。

第四，高效运动也是最好的休息方式。销售员时常跑外勤，需要强健的身体。这个时候，运动不仅是锻炼身体的需要，更是促进高效休息的需要。通常来说，时常运动的人，身体比常人更健康，心肺功能更好。而心肺功能更好的人，精力更旺盛，处理起工作来也更加得心应手。所以，你应该多加强训练，利用休息时间跑步、游泳、骑自行车，而不是看手机、打游戏。

同样，很多成功人士都保持着运动的习惯。旧金山全美公司的董事长约翰·贝克每天坚持晨泳和晚泳，还经常抽空去滑雪、钓鱼、跑步以及打网球。联合化学公司董事长约翰·康诺尔偏爱原地慢跑，几乎每天都会慢跑 1～2 个小时。

总而言之，所谓高效休息，就是要求我们用积极的休息取代消极的休息，真正让自己放松，恢复体力和精神。除了上面的方式，你还可以找到适合自己的休息方法。也许，你可以采取以下几种积极的休息方式。

学习一门技艺，电子琴、舞蹈、篮球……然后，每周利用空闲时间练习。

旅行，而不是找个地方看手机，接听客户电话，也不是换个地方游泳，更不是到网红景区打卡。你需要对一个地方心存向往、期待、好奇，让自己的内心真正静下来。

不必停下来，而是换一种工作方式。除了休闲和睡觉，换一种工作方式和内容也可以让自己得到休息。比如，体力与脑力工作的交替，动静状态的交替，都有利于工作状态的改变。

参加社交活动。走出去，和朋友聚会，和亲戚打交道，或是参加工作圈子的聚会。这些社交活动可以让你找到忙碌工作中丢失的活力、激情，让你的精神变得放松……

高效无须忙碌，从容面对生活

忙碌与高效，你选择哪一个？

相信很多人都会选择后者，可事实上他们偏偏又是前者。很多时候，他们自己都不知道为什么这么忙碌工作还堆积成山，这件事情还没有做完，另一件事情就接踵而来了。而生活也被搞得乱七八糟，约会没约成，房间也没打扫完……

明明是某商场化妆品部的推销员。她的工作内容很简单：定期接受公司培训、整理货物、推销产品、记录会员客户信息以及交易记录、货物盘点、做好柜台卫生（保持货品、货柜、海报等整洁）等等。

与其他销售行业比，除了每隔一段时间的促销活动比较忙碌之外，明明的工作并不繁重，有时还比较清闲。可明明却感觉每天都忙得要死，有时连吃饭的时间都没有。这一天，明明和男朋友约好了一起吃火锅。可是快下班了，她才发现会员信息和交易信息还没有记录存档，货物还没有盘点。另外，商场经理刚刚宣布要开个小会，通报五一期间促销活动的具体事宜。

结果明明只好和男朋友抱歉地说，改天再约会吃饭。当然，对方感觉失望透顶，甚至有些生气。此时，明明的心情降到了冰点，却不得不继续完成接下来的工作。今天客人比较多，仅记录会员信息就花了半个小时。由于她心情糟糕，做事不专注，货物清点了好几遍才做到正确无误。商场经理有些唠叨，不顾大家的疲惫和无奈，简单的事情却说了 40 分钟。

等到明明回到家时，时钟已经指向 11 点半了。可这还没有结束，等她回家后才发现竟然忘了给自己的小狗买狗粮，可怜的小狗饿得汪汪叫。洗衣机里还有昨天要洗的衣服，网上英语课程也错过了，说好的健身也没时间了……

明明疲惫地躺在床上，不禁大声地抱怨："怎么回事？为什么有这么多事情，我忙了一整天，都忙了什么？为什么所有的事情都堆到一起了？"

明明确实比较"倒霉"，工作和生活都一团糟，自己也找不到造成这些问题的原因。可是，仔细想一想，这又怪谁呢？她整天都忙忙碌碌，有好多做不完的事情，把自己弄得疲惫不堪。可收益和效果却都不太好。这是因为她并没有高效地做事，把精力都消耗在琐碎的事情上，做事情抓不住重点，没有安排和计划，结果忙碌也成了毫无收获的瞎忙。这样一来，业绩提升不了，生活也一团糟。

明明想要摆脱这样的生活，就必须做到一点：高效。

要知道，忙碌与高效并不能画等号，忙碌与成功也没有必然的联系。不能合理地分配时间和精力，不能把握做事的节奏和力度，那么，忙碌只是表象，努力也只是虚幻。

高效，是工作和生活都必须遵守的原则。它的关键就在于你如何管理自己的精力和时间，用最少的投入获得最大的效益。高效的人有计划、有目标，能够把每件事情都做好。而忙碌的人始终处于忙碌中，"没时间"安排和计划，到头来成了瞎忙，高效的人能合理安排、统筹规划，知道事情的轻重缓急和侧重点。忙碌的人则喜欢盲干，抓不到重点，一心渴求不落下每一件事情，却事事都落空。

高效的人不空想，不咋呼，珍惜时间，并在事情上下实际功夫。而忙碌的人则喜欢玩嘴皮子，天天喊着做这做那，可是一行动起来就拖拉、磨蹭。

高效人士与忙碌人士的区别还有很多，现在我们就通过图 10.4 中的对比来了解忙碌人士与高效人士的差别在哪里。

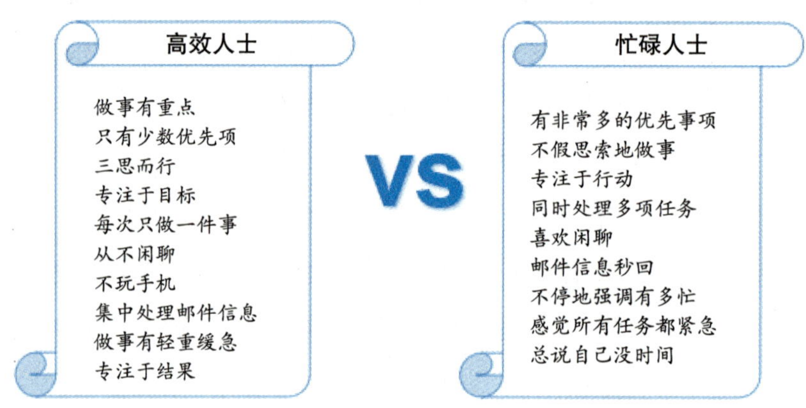

图 10.4 高效与忙碌的区别

可见，忙碌并不是什么好事情，也不是忙碌才能带来成功。我们需要告别忙碌的生活，准确地说是瞎忙的生活，从容地对待工作和生活。如此就可以让事业和生活都上一个台阶。

我们应该改变自己，提高效率，然后，把高效做事的这种好习惯坚持下去。具体有以下几种方法。

第一，每天都以计划开始。这样你就会精确地找到需要优先处理的问题，从而避免被那些不重要的事情分散精力，避免把不紧要的事情当作紧急事情来处理。

这样一来，即使你因为某件事情而停止工作，工作进度也在你的掌握之中，不会影响工作效率。

第二，不要不假思索地做事。大多数销售员崇尚行动迅速，抢时间做事，可行动迅速不代表着可以不假思索地做事。

若是不假思索地做事情，那么，势必会造成一些错误或失误，反而浪费了更多的时间和精力。忙碌的人之所以忙碌，就是因为反复犯错，反复重做。而高效的人则是看准了再去做，力求一次就把事情做好，一击即中。

试想，你遇到了意向客户，不了解其需求、爱好、心理和性格，没有准备好话术、资料，更没有想好应对措施，那么，不仅不能抢到客户，还会适得其反，给客户留下坏印象。

避免犯错和做没价值的事情，最关键的就在于做事前先思考 20 秒。这 20 秒时间虽短，却可以让你观察、了解客户，组织自己的语言，思考应对措施。

第三，不要在工作时间干私事。一些销售员太过于放任自己，在工作时间为私人事务分心，这是不对的。

当然，在工作时，完全不考虑私人事务也是不现实的。因此，要将付账单、写感谢卡和其他影响工作效率的事情进行统筹安排。

第四，抽时间反省自己也很重要。我们不可能一夜之间就变得高效。我们需要不断地反省自己，提高自己，然后，才能改变自己。在忙得不可开交之时，反省一下自己，是不是工作方法错了，是不是时间安排得不恰当……

第五，学会简单生活，从容地面对生活和工作，美好就会来到你的身边。我们要永远记住：高效无须忙碌，从容地面对生活和工作，让自己的生活变得简单起来，那么，成功也并不是多么复杂的一件事。

下班后的几个小时，你要好好地珍惜

下班以后，你通常都去做什么呢?

当有人听到这个问题时，可能会理直气壮地说：“当然是休息了。每天跑业务，与客户周旋，我已经这么累了，难道还不好好地休息？”

没错，下班时间就应该好好休息。但是，仅做到这些就足够吗？通常六七点下班，晚了的话八九点，而年轻人基本上 11 点左右才睡觉。在这三五个小时内，你就只能休息吗？或许说你就没有想过要做一些有价值的事情?

在回答这个问题之前，我们先看看下面几个年轻人的发言。

第一位 A: 女性，某销售公司新进职员，内向文静，做事规规矩矩。

她说：“白天我们不断地消耗，跟着老板的步伐，跟着客户的脚步。每一分每一秒都在工作，几乎连吃饭、说话的时间都没有。只有下班这点时间，是属于自己的宝贵时间，我当然是‘为所欲为’了。一到家就会窝在沙发上，或是舒服地躺在床上，追我喜欢的电视剧，是最幸福的事情。”

第二位 B: 女性，某化妆品销售公司市场销售员，年轻时尚，追求个性。

她说：“工作是忙碌而又枯燥的，要不是我喜欢化妆，才不会做这么累的工作。我最喜欢热闹，一下班就会直奔酒吧，和朋友们 Happy 一场，既能释放自己，又能缓解疲惫，何乐而不为？”

第三位 C：男性，26 岁，单身，无拘无束。

他说：“我不喜欢酒吧，也不喜欢太过于热闹的环境。这些事情看似能让人放松神经，可是短平快的娱乐无法洗刷掉工作的压力、身体的疲惫。狂欢之后，后遗症会随之而来，颓废，更加疲惫。我喜欢和几个朋友找个安静的小酒馆，谈

天论地，说说当初的梦想，说说未来的规划，也八卦一下球赛……”

第四位 D: 男性，32 岁，已婚，某公司市场部经理。

他比那些年轻人多了些责任。他说：“工作与家庭，应该是我们这个年纪考虑的问题。所以，现在下班后我很少和同事聚餐喝酒。除非无法推掉的应酬，我都会在家陪妻子、孩子。一家人做饭、做游戏、看电视，就是一种幸福的生活。”

第五位 E：女性，30 岁，未婚，某商场销售部经理。

她说：“我喜欢读书，也觉得休息并不一定就是让自己放纵胡闹。很多时候，我会在家里读书，包括营销类、名人传记、名著小说等。最近我想要提升自己，竞争销售总监的位置。可我也知道自己的能力不足，缺乏营销管理的知识，所以我准备利用休息时间多学习……”

看到了吧，下班这段时间，每个人都有自己的计划和安排，都有个人的特色和习惯。窝在家里，外出玩乐，陪伴家人，提升自己，当然还有健身、运动、逛街、约会，等等。不同的时间安排，也造就了不一样的结果。有的人浪费了时间，虚度了生活，而有的人则做了更有价值和意义的事情。

当然，我们不是说你不能放松，不能随心所欲，更不是说你必须下班之后还要继续努力、忙碌，不能好好休息。工作之外的时间属于生活，即使再忙，在下班的那一刻也到了“终止点”。关键你生活得是否漂亮。

追剧、喝酒、聚会、狂欢是你的爱好，可始终不能占据你的休息时间，更不能成为你生活的重点。时间大把大把地投入进去，压力并没有消失，生活的乐趣和品质也没有得到提升，个人价值也没有提高。

下班后这几个小时，你所做的事情，喜欢做的事情，恰好是你与他人之间的分水岭。刷抖音、追剧、去酒吧，除了浪费时间没有任何意义。可看书、健身、运动，则可以带来一个个惊喜——提高个人修养、品位，强身健体，变得更美丽。陪伴家人，则可以享受天伦之乐，让生活更幸福；提升个人能力，投资自己，则让事业和生活更加美好。

很多人往往只在乎眼下，或是今天、明天，而忽略了将来、长久。下班之后的短短几个小时，确实不能做太多的事情，但合理地安排好自己的时间，在休息、娱乐的同时不忘充实自己，那么，有限的时间所产生的价值就会被无限放大，就会让你收获更多，并且让你看见更好的自己。

李锐是一个销售员，同时，也是一个网络作家。他中学时期就喜欢看小说，武侠、爱情、商战无所不看。不仅如此，他平时还会写下自己的感想、见闻、同学间的有趣故事等。之后，因为发挥失常，他没能考入理想的学校，进入了一所普通大学，并且成为一名售楼员。

开始，忙碌的工作让他很不适应，几乎忙得没有休息时间。即便有休息时间，他也会用来打游戏，不管是生活和工作都不算积极。突然有一天，他扪心自问："我是否应该这样混下去？生活怎么变得这么没意义？""不能再这样了！"经过深思熟虑之后，他开始重拾写作的爱好，在空间、微博写一些感想。

后来，他还把工作中有趣的事情写下来，包括客户的奇葩要求，客户的善解人意，同事如何解决销售难题，等等。之后，他感觉眼前的世界顿时豁然开朗，工作的压力也得到了缓解。于是，写作成了他的习惯。每天下班之后，除了休息、娱乐、聚会，他还特意安排了写作的时间。即便再忙，他也会留下半个小时写下一些随笔、感想。

因为写作，他喜欢观察客户，喜欢琢磨客户的心理，而这恰好让他提升了业绩，成为客户最喜欢的销售员。几年之后，李锐不仅升职加薪，成为销售部经理，还完成了一部十几万字的网络小说，成为拥有千万粉丝的网络作家。

看吧，利用好下班后的几个小时，人生将会不一样。如果李锐和之前一样，只是用一些无聊的事情来打发时间，那么，之后的成功或许就不会出现了。

亨利·福特说："大部分人都是在别人荒废的时间里崭露头角的。"我们并不是说让你成为工作狂，时刻想着工作，而是，你应该珍惜有限的时间，做一些对于提高自己和生活有价值的事情，而不是把大把的时间都浪费在那些毫无意义的

事情上。

不妨计算一下：如果每天下班之后，你拿出 1 个小时用来读书、健身、写作、提升专业知识，那么，一周就可以有 7 个小时，一个月就是 30 个小时，一年就是 365 个小时。那么，五年呢？十年呢？如果能妥善地利用这些时间，又有什么事情做不成呢？

再计算一下，如果你每天花 15 分钟看书，每分钟读 300 字，那么，一天就能读 4500 字，一个月就是 12.6 万字，一年的阅读量可以达到 151.2 万字。也就是说，你一年可以读 20 本书。这可不是一个小数字，远远超过了世界人均年阅读量。

所以，合理安排下班后的几个小时，平衡休息、娱乐、做有价值的事情的时间，并且坚持下去，必定会获得丰厚的回报。那么，下班之后，个人时间应该如何分配呢？做什么事情能提升自己呢？

具体来看一看吧！

首先，我们应该把时间分为四大板块，分别是休息、娱乐、提升自己、其他。然后再是时间的具体细化。

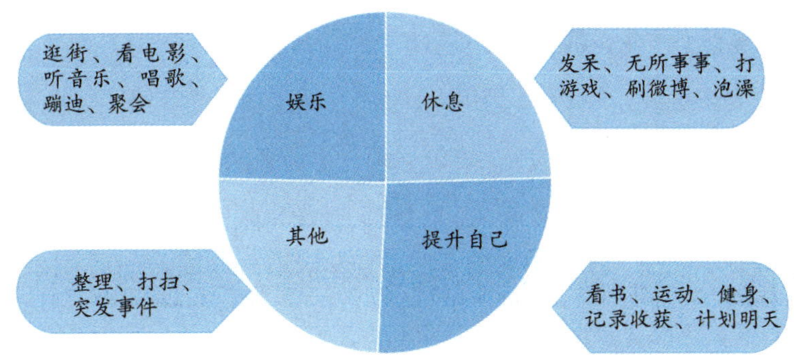

图 10.5　下班后时间分配

当然，这个时间安排是从晚 7 点到晚 11 点的“理想状态”。每个人每天不可能总有这么多的空闲时间，更不可能平均分配这些时间。我们只需记住，将空闲时间重视起来，做一些自己喜欢的事情，做一些有价值的事情，才不会浪费自己的时间，才能赢得更美好的人生。毕竟时间是非常珍贵的，下班之后这几个小时不能只花在无意义的事情上。

度假时客户来电话，怎么办？

相比很多都市白领，销售行业的人总是无奈地感叹着：人在销售，身不由己。公司要求“把客户看成是上帝”“保持电话畅通，公司有召，随叫随到”。而为了拿下客户，搞定订单，他们每天都在忙碌着，与客户联络感情，和客户进行谈判，帮客户解决问题，还要和客户进行应酬。即便是和家人度假，也不能好好地休息放松，随时都要做好回去工作的准备。

在某房地产公司担任营销主管的李先生，为了业绩，每天忙得团团转，就连周六、周日都得工作与应酬。他每天回家已经是深夜，妻子、孩子都已入睡，更没有时间辅导孩子作业，帮妻子分担家务。

他时常无奈地说：“我也不想每天这么忙，可应酬与加班都是为了让家人过上更好的生活。想要让客户满意，你就必须付出更多的时间和努力，随时随地接听客户电话，满足客户的任何要求。”“我们就像军队一般，随时待命，随叫随到。不管你是在公司，还是在家中，抑或是在度假。”“拒接客户电话是不允许的，这会让客户不满，从而丢了订单。”

一个月前，他好不容易有了休假的机会，陪着妻子和孩子到海南度假。可还没玩两天，他就接到客户的电话，说想要改变看房时间，因为自己在原定时间有事情要处理。李先生一下子陷入矛盾之中：结束休假，妻子和孩子会失望、伤心；可拒绝客户的要求，又担心丢了单子……

没错，度假与客户，抑或是休息与客户，这是销售员必须面对的问题。处理好了，你将赢得良好的业绩和事业，以及美好的生活。可是，一旦处理不好，那么，你不是家庭不和，身心疲惫，就是客户不满，事业不顺。

也许我们这个时代，忙碌和加班是一种常态，是一种趋势。可是没时间回家、休假，即便回家、休假也没时间休息，必须继续工作，这是大家在认识方面存在的一个很大误区。在公司接待客户，回家后随叫随到，休假时依旧接听客户电话，只能让你失去生活中更多美好的东西，并且迷失在这样的怪圈中。

无可厚非，你应该把客户当作上帝，应该尽可能满足客户的要求。但是，你还需要明白，并不是这样做了之后，你就可以赢得客户的心，获得良好的业绩。更为重要的是，你混淆了生活和工作，让工作无时无刻不在侵蚀着你的私有空间，这不是敬业、勤劳的体现，而是无能、不善于管理时间的表现。

聪明而成功的销售员，是在生活中销售而不是在销售中生活。他们工作时付出最大的努力，为客户提供最好的服务，同时，他们也善于安排自己的生活，该休息时休息，该放松时放松。因为只有身心得到了放松，之后，他们才能以更好的精神状态去迎接工作。

其实，想要不混淆生活和工作，你只需要做到以下几点就可以了。

第一，避免陷入身份的陷阱之中。

每个人都有不同的身份，员工、父亲、丈夫、朋友、儿子、同事，等等。面对不同的人，在不同的时间，你的身份就会发生改变。比如，在公司中，面对老板你是员工，面对客户你是销售人员；在家中，面对妻子是丈夫，面对孩子是父亲；在独自一人时，你只是你自己。

可以说，对象和时间界定了你的身份。若是你在工作上投入的时间过长，那么，你的身份就与工作越来越亲密。若是你时常把工作带到私人生活中，在休息、休假时接听客户电话、处理客户的问题，那么，你的身份就会变得模糊，甚至让员工、销售员这样的身份侵蚀了丈夫、父亲，甚至本身的身份。当你所有的时间都用来工作时，那么，界定你身份的唯一指标就只有工作了。

你若是想要找回自己的身份，避免陷入身份陷阱，就应该做到：选择有序的生活，不把工作当作生活的全部。提高业绩不是靠延长工作时间，而是靠富有成效地工作。赢得客户不是靠随叫随到，而是靠专业的服务、真诚的心。你可以没有能力控制时间，但可以控制利用时间的方式。“人在销售，身不由己”不过是托词，只是你逃避自己的借口。

第二，有自己的休闲和爱好，不做“工作狂”。

现在“工作狂”已经不是一个褒义词，反而成了贬义词。“工作狂”不同于对工作有热情的人，他们并不热爱自己的工作，也很难从工作中获得乐趣。他们之所以拼命工作，只是为了满足自己的心理——升职加薪，证明自己，逃避生活，等等。

正因为他们不热爱工作，所以即便工作时间比别人长，工作量比别人大，可工作效率和质量却比别人逊色很多。一旦出现了问题、差错，他们就会陷入焦虑，无所适从，自我厌弃。

而若不想做“工作狂”，我们就必须抛弃这种病态的工作方式，学会享受生活的乐趣。你需要培养一些业余爱好，在工作之余给自己安排一些有益的活动。调节自己的认知，不要把工作视为自己人生价值的唯一表现。不要总给自己灌输这样的想法，“我拼命工作是为了更好的生活，是为了孩子、妻子以及父母生活得更好”。有意识地减少工作压力，不把工作带回家。

第三，大胆地说出自己的想法，让老板知道自己有度假的权利。

并不是所有人都是工作狂，只是由于工作性质、公司规定、老板要求而不得不“随时候命”“24 小时不关机”。他们觉得老板或客户的电话侵蚀了自己的生活，让自己疲惫不堪，却不知道或是不敢拒绝。

可事实上，只要你不向工作和老板妥协，大胆地表达自己的意见，那么，便可以为自己赢得时间。当然，前提是你必须在工作期间表现良好，工作高效且业绩优秀。

小西是一个理智而倔强的女孩儿。刚参加工作时，她时常被迫加班，晚上8点还要接听老板的电话，要求明天早上将方案放在他的办公桌上。这样的生活让她感觉很累，且对工作开始厌烦。她知道，若是自己一味地妥协，那么，就会失去自己的时间，就会对生活失去自己的把控能力。

这个时候，她没有抱怨，也没有控诉，只是做了以下几件事情。

——合理安排好工作任务，把工作做得出色，井井有条。很快，她的业绩成了公司第一，受到了老板的奖励。

——改变自己的生活方式，晚上11点之后关机，不接任何工作上的电话。周末换上私人电话，对工作的事情一律不过问。

——明确地告诉老板：周末和休息时间，我有自己的安排。除非万分紧急的情况，拒绝加班。

结果如何?

从此，小西为自己赢得了美好的生活，每次都能度过一个快乐的假期和周末。最重要的是，由于业绩突出，她被老板破格提拔为销售组长。

第四，就是具体的解决办法了。

很多人认为不接客户电话就会得罪客户，让自己失去订单。可事实并非如此，很多客户也都有自己的生活，也有亲情、友情、爱情，等等，并且多数客户也是通情达理的。只要你坦诚地说出自己正在陪家人度假，并且在之后完美地解决问题，那么单子就丢不了。

当然，干脆关机并不是最好的办法。如果是潜在客户的电话，你就需要简单地处理一番，然后，约定具体时间当面聊。如果是后续服务问题，你可以把问题交给值得信任的同事，让他帮助你解决。若是客户的问题比较严重，那么，你就应该慎重了。

生活管理，就是将你的时间之旅变得简单

美国石油大亨默尔曾经因为身体原因进入医院。当时，他因为太过于忙碌而患了心衰，在医院治疗、休养一个多月后才安然出院。出院后，他没有再回商场拼搏，而是卖掉自己的公司，把几十亿资产捐给了社会慈善和卫生事业，自己则来到了苏格兰的乡下，开始享受悠闲自在的生活。

后来，人们问他为什么要舍弃自己的财富和事业时，他说："利奥·罗斯顿说：'你的身躯很庞大，但你的生命需要的仅仅是一颗心。'他的话让我明白了一切。巨富和肥胖并没有什么两样，不过是获得了超过自己需要的东西罢了。多余的脂肪会压迫人的心脏，多余的金钱会拖累人的心灵，多余的追逐和幻想，只会增加一个人生命的负担。人们要想活得健康和自在一点儿，就必须舍弃'多余'。"

简单来说，想要更好的生活，就应该舍弃，从繁忙的重负中解脱出来，让自己的时间之旅变得简单些，再简单些。用今天的话来说就是极简时间，对那些多余的事情、琐碎的事情、没有意义的事情说"不"；不让各种凌乱的事情扰乱自己的行动和内心；不总是想着太多的事情。

然而，现实生活中，虽然很多人对自己的时间分配并不满意，感觉自己的生活凌乱无比，时刻被各种各样的事情（包括工作和生活）困扰着，可他们并不知道如何简化自己的时间，让自己过得更加轻松。

其实，极简时间并不容易，很多人认为只要做好计划便可以了。可事实上，做好计划只是第一步，当你踏出第一步以后，后面的每一步该怎么走也至关重要。接下来，我们便看看年轻人小魏是如何极简时间，简化生活的。

小魏是一个保险销售顾问，每天笔记本上都安排着密密麻麻的待处理事项，包括工作、生活中的大小事情。可以说，小魏是一个做事有安排的人。他常常能够高效地完成自己想做的事情。可是，他依旧非常忙碌，劳碌奔波在公司和家庭之间。

突然有一天，他望着写满密密麻麻的待办事宜的日程安排表，突然意识到自己的生活太复杂了。于是，他做出了一个决定，摒弃那些无所谓的忙碌，简化自己的时间：他开始审视自己的日程安排表，找出没有价值和意义的事情；把需要从生活中删除的事情都罗列出来；把重要的事情罗列出来，然后规定当天必须完成什么；聚焦一个目标，不同时思考或处理几件事情；不透支未来的时间，取消不必要的电话预约；把堆积在桌子上所有没有读过的书籍清理掉；把衣柜中从不穿的衣服整理出来，清除掉；把重复的物件清理掉，只留下一两件；不做重复或类似的事情；购买质量好的东西，而不是贪图便宜；注销一些信用卡，以减少每个月整理账单、还账的时间；减少 20% 的应酬，包括与客户、朋友、同事无意义的应酬；找一个置放眼镜、笔、钥匙、约会记录簿的地方，规定自己每天必须把它们放回原处；不在行的事情，找别人帮忙，借用别人的智慧和力量；做事时屏蔽一些干扰，包括手机、网络；抛弃不可能完成的事情，做力所能及的事情；抛弃心理上不必要的负担，不自怨自艾，不胡思乱想；不做与自己无关的事情，不多管闲事；不拖延，提高做事的效率；保持房间的整洁和干净，不丢三落四……

结果，经过一系列的改变，小魏的生活变得简单了很多，时间也变得充裕了很多。他开始利用这些节省下来的时间做自己喜欢的事情，生活开始变得多姿多彩，与众不同。而且因为生活方式的改变，小魏的事业也有所突破。

生活管理的核心就是极简时间，越少越好。提倡极简生活的专家爱琳·詹姆丝就曾经说过：“我们的生活已经变得太复杂了。因为受习惯的影响，你每天有多少活动是不得不勉强去做的？追求舒适的习惯和烦琐的例行公事，是否让你的日常生活落入浪费时间、浪费精力的陷阱？其实减少那些程式化的活动，并不会因此减少快乐的机会。”

“看一看那些对人类的艺术、音乐、科学领域做出卓越贡献的人，如毕加索、莫扎特、爱因斯坦，这些人的生活都极为简单。他们全神贯注于自己的主要领域，挖掘内在的创造源泉，因此，获得了丰富精彩的人生。”

所以说，我们虽然生活在快节奏的社会中，无数的大小事件、繁杂琐事扑面而来。可我们千万不要陷入为了忙碌而忙碌的怪圈，而是要学会评估自己的生活和时间，简化自己的生活和时间。只有这样，我们才能提高自己的工作效率和生活品质。

抛弃烦琐，清除无意义、多余的事件和物品，并让自己更加专注，提高自控力，让绝大部分时间和精力回到它们应该去的地方，那么，你便可以成为掌控时间和生活的主人。